Náufragos sin tierra

Náufragos sin tierra

A bordo de la misión más dura del Open Arms

Yolanda Álvarez

Rocaeditorial

© 2020, Yolanda Álvarez

Primera edición: octubre de 2020

© de esta edición: 2020, Roca Editorial de Libros, S.L.
Av. Marquès de l'Argentera 17, pral.
08003 Barcelona
actualidad@rocaeditorial.com
www.rocalibros.com

Impreso por EGEDSA

ISBN: 978-84-18249-32-7
Depósito legal: B. 15013-2020
Código IBIC: BTP; JFFD

RE49327

A Alicia G. Montano, por la magia de hacerlo posible.
A todas las personas que huyen del infierno, sea cual sea.

Índice

*E*n la vida, el sueño que perseguimos puede convertirse súbitamente en una condena. Y lo que muchos contemplan con horror, como algo insufrible, puede acabar siendo nuestra tabla de salvación. Las dos cosas ocurrieron a bordo del Open Arms el verano de 2019. Todavía hoy me pregunto quién ayudaba a quién: si con cada operación de salvamento no naufragaban nuestros valores y si aquellos náufragos no eran al fin y al cabo el único rescate posible de una Europa que está perdiendo el alma.

1

La semana que se convertiría en un mes

$\mathcal{U}$nas semanas antes de aquel viaje, me había sincerado con mis jefes: me sentía estancada, sin retos. Quizás se debía a mi espíritu inquieto, que se niega a acomodarse, quizás a mis ritmos vitales, que cada cuatro o cinco años me producen lo que los valencianos llamamos *desfici*, un desasosiego o sensa- 15 ción de aburrimiento que reclama cambios. Desde que llegué a Madrid, en 2007, había pasado cuatro años en el Área Internacional de los Servicios Informativos de TVE, cuatro más como corresponsal en Jerusalén y ahora se cumplían otros cuatro en el programa *En Portada*.

El último reportaje, *No es país para cineastas*, rodado en Irak, me había llevado de regreso a Oriente Medio, el lugar en el que más había aprendido como periodista y como persona. Mi trabajo allí, especialmente la cobertura de la última guerra en Gaza, en verano de 2014, me granjeó el reconocimiento del público y de la profesión; pero implicó también el fin de mi etapa como corresponsal. La dirección de Televisión Española, que confundía periodismo con servilismo, se plegaba en 2015 a los intereses políticos y diplomáticos no solo del Gobierno de Israel, sino también del español y, en el mejor momento de mi carrera, me mandaba a casa.

Recuerdo la llamada de Gundín, el director de Informativos, para comunicarme el cese: «Cuento contigo en Madrid». Le espeté un: «Quieres decir que no cuentas conmigo». El cinismo de los serviles no conoce límites. Ya lo dijo el maestro Kapuściński en su libro *Los cínicos no sirven para este oficio*, que me quedé con ganas de regalarle a él y a alguno de sus adláteres. Era tan evidente que se trataba de un movimiento para sacarme de escena que tuve que insistir durante más de dos meses para que la dirección me diera a conocer el destino en el que supuestamente «contaba conmigo».

No fui la única corresponsal española a la que las presiones sacaron de allí, pero mi destitución había montado tal revuelo en la prensa nacional e internacional que la dirección de Informativos decidió darme una salida más o menos digna, que no sonara a castigo evidente. La directiva que ahora se atreve a tuitear con el *hashtag* #diariodeunacesada —como si ella no hubiera orquestado y ordenado el cese de otras compañeras y compañeros competentes— me propuso una salida «adecuada a mi perfil» en el programa *En Portada*, un espacio de periodismo internacional de calidad relegado a horarios intempestivos y cambiantes, que hay que ir buscando con verdadera militancia por la parrilla de programación de La 2.

Durante mi etapa en este programa, he hecho algunos reportajes que me han reconciliado con el periodismo y con TVE, como «Esclavas del Dáesh», «Ex yihadistas» o «Prisionero 151/716», que abordaban temas relacionados con la región del mundo que mejor conocía, pero desde otros escenarios, sin poner un pie en Oriente Medio. Por eso, cuando volví a Bagdad para el rodaje del último *En Portada*, fui feliz. Y no solo eso: durante aquellos días, fui consciente de mi felicidad, algo que ocurre pocas veces en la vida (solemos añorar momentos felices vividos en el pasado, pero nos cuesta identificar la felicidad del presente, en el preciso instante de vivirla). No obstante, al acabar el reportaje no logré conservarla y sentí una profunda nostalgia por volver a pisar el terreno, sin importar lo duro o escabroso que fuera, por volver a ser testigo de primera mano de los acontecimientos con los que se va escribiendo la historia.

A veces las mejores cosas de la vida llegan por una serie de coincidencias o por casualidad. Hay quien a esa conjunción de factores le llama destino. Quienes no creemos en él sabemos que, además de la suerte, hace falta la voluntad y la ocasión de que quienes pueden darte una oportunidad te la ofrezcan.

Ese verano, por primera vez desde que cubrí la ofensiva israelí en Gaza en 2014, había pedido que mis vacaciones fueran a mediados de septiembre, para coincidir con alguien que después me dejaría tirada. Pero como dice el maestro Serrat, en su canción *Bienaventurados*, «todo infortunio esconde alguna ventaja». Esa elección de fechas me dejaba en la redacción casi todo el verano.

Mis jefes, que sabían de mis inquietudes y ganas de acción, me propusieron colaborar con el programa *Informe Semanal*, que andaba escaso de reporteros para esos meses. Cuando me preguntaron si estaba dispuesta a embarcarme en el Open Arms no lo dudé ni un segundo y dije que sí, sin saber ni qué tipo de barco era ni cuánto duraría o cómo sería la misión.

La idea era abordar el flujo migratorio desde Libia hacia Europa desde dos perspectivas: primero, desde el Mediterráneo, a bordo del buque de rescate, para *Informe Semanal*; y a continuación, desde Libia, para *En Portada*. Pedimos visados a la Embajada libia en Madrid conscientes de que tardarían en tramitarlos y de que probablemente nunca llegarían.

Cuando hablé por primera vez con Laura Lanuza, de Comunicación de la ONG Proactiva Open Arms, pensé que nos embarcaríamos a principios de agosto, pero todo se precipitó y en menos de una semana teníamos que estar en la isla del Mediterráneo de la que partiría el buque humanitario.

Costó encontrar un reportero gráfico de TVE que aceptara unirse a aquella aventura. En principio, debíamos zarpar el 24 de julio y estaba previsto que estuviéramos a bordo solo una

17

semana, la mitad de lo que solía durar una misión. La proximidad de las vacaciones de agosto dificultaba encontrar a un cámara disponible y, tras varios intentos, solo pude respirar con alivio cuando, a punto de agotarse el plazo, el reportero Joaquín Relaño, que también había pedido visado para venir a Libia, aceptó formar parte de aquella misión.

Sabíamos que debíamos compartir camarote y que no sería una experiencia fácil. Además de nuestro trabajo, había que hacer guardias y compartir las tareas con la tripulación. Joaquín y yo habíamos trabajado juntos en Egipto, en una situación que tampoco era sencilla, así que me alegré mucho de que fuera él. Lo recordaba como un cámara con buen talante y con la suficiente sangre fría para no perder los nervios en momentos difíciles. A día de hoy, después de todo lo vivido a bordo de ese barco, creo que fue más que una suerte, una especie de bendición, que él fuera mi compañero en aquella travesía.

18   Aquel 24 de julio los dos tomamos un vuelo directo de Madrid a Sicilia. Hasta pocos días antes no supimos el puerto de partida. Del aeropuerto de Catania fuimos por carretera a Siracusa. El alcalde de la ciudad había intercedido para que el barco atracara allí. El Open Arms, recibido unos años antes como un ejemplo heroico de humanidad, ya no era bienvenido en los puertos italianos. De eso se había encargado el entonces ministro del Interior Matteo Salvini. Él, como toda la ultraderecha europea, había hecho del discurso antimigratorio su caballo de batalla, que había calado entre algunos sectores de la población. Poco importaba la realidad: Europa es el continente más envejecido y con menor índice de natalidad. En esta cultura de la instantaneidad, tan poco propicia a la reflexión, los populismos de extrema derecha han conseguido convertir la solución en un problema.

Necesitamos a los migrantes para rejuvenecer nuestra población y salvar nuestro sistema de pensiones. Y no solo eso: en la mayoría de los casos, ellos desempeñan los trabajos que a nosotros ya no nos apetece o conviene hacer, como el cuidado de ancianos, la recogida de la fresa o las tareas domésticas. Seguro que no soy la única que ve en su barrio a niños y ancianos cuidados por migrantes, que, junto a los abuelos, facilitan la única conciliación posible hoy en día en nuestra sociedad. Pero siempre es más fácil culpar al débil de todas nuestras desgracias que enfrentarnos a una realidad que nos resulta incómoda e intentar cambiarla.

En aquel puerto de Siracusa, al subir por la pasarela del barco, sentí con su tambaleo el vértigo de embarcarme en una nueva aventura. Mi experiencia en navegación se limitaba a un crucero por las islas griegas hacía más de veinte años y excursiones de algunas horas para ir a bucear. En ese momento llevaba cuatro años sin tomarle el pulso a la información diaria. Pero no sentí miedo, sino un mariposeo en el estómago que nos entra a los periodistas cuando pisamos el terreno y nuestro sexto sentido olfatea historias que merecen ser contadas. El día que deje de sentir esa excitación tendré que dedicarme a otra cosa.

Nos dio la bienvenida a bordo Anabel Montes, o Ani, como todo el mundo la llamaba, la jefa de la misión. El azul de su pelo, a juego con los ojos, y sus tatuajes, la mayoría de motivos marinos, anunciaban un carácter fuerte y unos principios inquebrantables.

Recuerdo que al acceder a la cubierta había que agachar la cabeza para no golpearnos con la lancha rápida. Aquel movimiento y otros, como el de subir la pierna a la altura de la rodilla para pasar al interior del barco o el de bajar las empinadas escaleras de espaldas o inclinados hacia atrás, parecían incómodos, pero con el tiempo los acabaríamos automatizando.

Nos indicaron cuál era nuestro camarote, en proa y al lado de la despensa. Me hizo ilusión ver en la puerta un cartelito, que aún conservo, con el nombre de Joaquín y el mío impresos bajo el número de camarote, el P3. Los chalecos salvavidas y los cascos rojos colgados a la entrada me recordaron que aquello iba en serio.

El camarote no tenía ningún tipo de lujo, pero era más espacioso que el de los voluntarios. La organización sabía que los equipos de televisión siempre necesitamos un sitio amplio para trabajar, porque cargamos con un montón de material. Y eso que esta vez íbamos con el equipo de batalla, el básico, con un monopié en lugar de trípode y una cámara más pequeña que la que habitualmente utilizan los reporteros de TVE.

Saltaba a la vista que el barco tenía sus años. El mobiliario —una litera, un armario de una puerta y un escritorio— era viejo y barnizado en color oscuro. La silla, que parecía sacada de la cocina de la serie *Cuéntame*, tenía las patas oxidadas y el asiento suelto. Los cerrojos y pestillos en puertas y cajones auguraban el zarandeo al que la mar podía someter a aquel buque, ahora amarrado. Me alegré de que hubiera un lavabo. Aunque de aquel grifo solo cayera un hilo de agua, era suficiente para lavarse los dientes y las manos.

20   Nunca me han gustado las literas, ni cuando era pequeña; pero al ver que el colchón de arriba era más estrecho, le ofrecí a Joaquín, que es más corpulento, quedarse en el de abajo. Enseguida comprobé que no hacía falta ser demasiado ágil para encaramarse a aquella cama empotrada, aunque mis rodillas y mis espinillas acabarían con varios moratones por golpearme con el armazón al subir. La primera noche, aquel colchón de espuma me pareció duro e incómodo. Con el paso de los días, aquel camastro se convertiría en un auténtico lujo.

Joaquín y yo colocamos la ropa y los enseres que habíamos traído para una semana. El camarote no estaba muy sucio, pero preferimos adecentarlo un poco más y organizamos el espacio para poder trabajar y descansar a bordo. El calor y la humedad de aquel 24 de julio auguraban que no nos darían tregua. Y el aire que entraba por aquel ventanuco resultaba a todas luces insuficiente. Para mi sorpresa, en el techo había una salida de aire acondicionado, que a veces no funcionaba, pero que hizo más llevaderas sobre todo las noches.

Para vestir nuestras camas, nos dieron sábanas desemparejadas que procedían claramente de donaciones. También nos facilitaron un par de camisetas y bermudas de la ONG, que debíamos utilizar cuando navegáramos y, sobre todo, si se procedía a un rescate. Les expliqué que, como periodista, no era adecuado que yo vistiera con su marca. Ante la autoridad portuaria, Joaquín y yo formábamos parte de la tripulación; pero quisimos dejar claro que nosotros solo éramos profesionales que íbamos a dar testimonio de lo ocurrido en aquel barco, sin pertenecer al voluntariado de la organización, por loable que fuera su labor humanitaria.

Los dos íbamos ligeros de equipaje. Yo solo llevaba un *trolley* pequeño, de los que se pueden transportar en la cabina del avión, con ropa de verano para poco más de una semana. Era consciente de que nuestra estancia a bordo se podría prolongar algunos días, dependiendo del estado de la mar, de la isla en la que hubiera que desembarcar y, sobre todo, de que hubiera algún rescate. Lo que nunca imaginé es que nuestra travesía, prevista para una semana, acabaría durando prácticamente un mes.

2

O zarpamos o regresamos

*L*a jefa de la misión, Anabel, nos guio por el barco y nos fue presentando a la tripulación y a los voluntarios, que habían llegado la víspera.

Al frente de la tripulación estaba Marc Reig, el capitán del

Open Arms, que ya había comandado el buque en otras misiones. El de Reus me pareció un tipo honesto: siempre respondía a mis preguntas y se esforzaba en explicarme cómo funcionaba todo a bordo. Supongo que él también confiaba en mi honestidad y no parecía incomodarle nuestra presencia, a pesar de que las circunstancias nos llevarían pronto a instalar nuestra «oficina» en el puente de mando. Hay personas con las que te puedes entender con una simple mirada o gesto. Eso me ocurría con Marc. Resultó cuando menos gracioso que el capitán me acabara llamando «la generala», después de algún que otro momento tenso, en el que me vio sacar las garras.

Como primer oficial del barco estaba Ricardo, al que todos llamábamos Erri, un vasco al que la vida había curtido más que el mar. Creo que es una de las personas que, sin hacer ruido, más me cuidó en aquella travesía. Nos ahorró a Joaquín y a mí alguna que otra guardia. Y nunca olvidaré el gesto que tuvo conmigo una noche, cuando agotada después de un duro día y frustrada porque falló el envío de nuestra crónica, me derrumbé y rompí a llorar. Erri se levantó y me dio un abrazo, de esos que nos ayudan a recomponernos cuando nos quebramos.

A la segunda oficial, Majo, no le gustaba salir en cámara. Yo estaba empeñada en mostrar aquel buque pilotado por una mujer, una imagen a la que nuestra sociedad está poco acostumbrada y que contribuye a normalizar la igualdad, en un momento en el que el machismo más recalcitrante ha vuelto a salir sin complejos de su caverna. Majo se resistía y Joaquín y yo siempre respetábamos su voluntad. Pero cuando la situación se complicó y empezamos a hacer conexiones en directo desde el puente de mando, alguna vez llegó a aparecer de fondo en la imagen. Ella estaba al frente de la nave a las 15:00 horas, cuando arrancaba la primera edición del *Telediario*, y siempre bajaba la radio y nos lo facilitaba todo durante el directo. Es de esas personas que, sin darse importancia, ayudan a que todo fluya. Majo también pilotaba la lancha rápida en la que yo iría en caso de búsqueda o rescate.

En cualquier parte y en cualquier momento, allá donde se le necesitaba, estaba Carlos, el contramaestre, a quien llamábamos cariñosamente Carliños. Se notaba que el gallego había tenido una vida difícil. Era como el niño travieso que nunca crece, pero me enternecía como pocos la luz de sus ojos y su sonrisa cuando recibía a los rescatados a bordo. Nos hacía la vida más fácil con algunas tareas ingratas. Gracias a él, los baños olían a lejía cada mañana.

Por el pasillo salía constantemente un chorro de aire caliente procedente de la sala de máquinas, situada en el piso inferior. La temperatura allí superaba los 40 grados. Y casi tan insoportable como el calor resultaba el ruido ensordecedor que generaban los motores del Open Arms. Un rugido que no daba tregua ni de día ni de noche y que me obligaba a utilizar tapones para los oídos si quería pegar ojo.

Al mando de aquellas máquinas estaba Mario, un argentino al que le encantaba hablar y que siempre fue amable con-

23

migo. Compartían con él aquel infierno de calor y ruido un joven canario, Beneharo, y otro vasco, Ibai, que solían vestir un mono de mecánico y subían empapados de sudor y con la cara enrojecida por el sofocante calor. Siempre llevaban cascos aislantes. Mario me los ofreció un día y me resultaron de gran utilidad en alguna ocasión, para escuchar y editar mi crónica cuando en el puente de mando había mucho trajín.

El conjunto de personas contratadas por la organización se cerraba con otro argentino, Mauro, con experiencia en rescates y en la conducción de las lanchas rápidas, que allí llamaban RIB, por sus siglas en inglés (*rigid inflatable boat*). Casi siempre acompañado de su mate, al que solía invitar, Mauro generaba buena onda en el ambiente. Prueba de ello fueron los emotivos abrazos que recibiría de las personas rescatadas justo antes del desembarco.

Sobre rescates en condiciones extremas, había acumulado formación y experiencia la jefa de misión, Anabel Montes. Ani tenía bajo su responsabilidad a los voluntarios y el gran peso de ir tomando decisiones que marcarían el rumbo de aquella misión, la 65.ª del Open Arms. Ya había estado al frente de otras y, aunque esta resultaría la más difícil, jamás la vi rendirse. Tanto ella como el capitán, Marc Reig, sabían lo que se jugaban: por desembarcar un año antes en un puerto siciliano a 216 náufragos rescatados, los dos tenían una causa abierta con la justicia italiana, acusados supuestamente de favorecer la inmigración irregular y hasta de asociación criminal; esta segunda parte, ya archivada.

El grupo de socorristas se completaba con cuatro voluntarios más. Javier se presentó como Panamá. Él fue quien rescató a Josepha, la mujer camerunesa que había sido la única superviviente de un naufragio en julio de 2018. Reconocí su imagen, que debía de haberse archivado en algún rincón de mi memoria, en uno de los cuadros que decoraban el pasillo del barco. Madridista empedernido, recuerdo que se llevó un gran disgusto cuando desapareció su toalla de Ronaldo, tendida en la cubierta, antes de hacer ningún rescate.

A Fran lo habían operado de la rodilla, pero eso no fue óbice para enrolarse en el Open Arms y hacer como el que más. Tenía una predisposición admirable. El capitán nos había asignado turnos para ayudar en las tareas de limpieza y cocina. A mí me tocó con Fran y Pancho, el tercer argentino a bordo. Fran solía dejarme lo más sencillo o menos pesado y a veces él mismo ya había limpiado o recogido por mí.

Pancho, de mayor edad, había recorrido medio mundo. Al contrario que Fran, lo noté molesto cuando por exigencias de mi trabajo abandoné algunas tareas. Un día, al acabar de almorzar los dos, me pidió que recogiera la mesa y el comedor. Acepté hacerlo; era consciente de que desde los rescates, los voluntarios llevaban una carga de trabajo que los tenía agotados. Cuando al terminar de barrer salí a cubierta, Pancho estaba entrevistando a uno de los rescatados para alguna de sus crónicas. Fue el único de los voluntarios que vendió sus fotos e historias a la prensa.

Héctor, el voluntario canario, era de apariencia menuda pero corazón gigante. Participaba en brigadas forestales y donaba su tiempo libre a otras causas tan justas como necesarias. Una tarde, mientras yo intentaba aliviar mi mareo mirando al horizonte desde la popa del barco y él practicaba nudos marineros, mantuvimos una charla de esas que te devuelven la fe en la humanidad. Sí, después de haber visto de cerca la peor cara del ser humano, capaz de sembrar muerte y destrucción en algo tan absurdo como una guerra, creo firmemente que en este mundo hay más personas que hacen que la vida valga la pena, solo que no hacen tanto ruido. El Open Arms llevaba muchas a bordo.

No sé si cuando Iñas, el médico vasco que venía como voluntario en el Open Arms, se apuntó a esta misión, llegó a imaginar que su trabajo sería determinante en el destino de algunas vidas rescatadas. Desde el principio, lo consideré una fuente fiable para mis crónicas. Y hasta el último día compartió conmigo con total transparencia y generosidad la información que podía ser relevante para mi trabajo. Abrumado a veces por el peso de sus decisiones, siempre hizo sus diagnósticos desde la honestidad y la profesionalidad.

Compartía el pequeño camarote que albergaba el botiquín con Varinia, una enfermera voluntaria chilena. Cada día curaba con cariño y esmero desde quemaduras de segundo grado a heridas de bala. Lo hacía sin que le temblara el pulso, en un cuarto minúsculo de cubierta habilitado como enfermería, en el que un viejo ventilador movía el aire caliente que allí se concentraba.

Para conocer de cerca en qué consistía una misión, venía como voluntario Pau, que trabajaba para la ONG en tareas de sensibilización destinadas a colegios y colectivos. Cuando la situación se fue complicando en la cubierta del Open Arms, el cansancio y la incertidumbre fueron haciendo mella en su humor y perdió la sonrisa que otros voluntarios se esforzaban en mostrar ante las personas rescatadas.

El decano de los voluntarios a bordo era Víctor, un jubilado vasco que venía a cocinar para los diecinueve que zarparíamos con el buque humanitario. Admiré su capacidad de embarcarse en una aventura así —y no era la primera vez— teniendo en cuenta lo mal que lo pasaba los días de mala mar. Cuando los fogones estaban encendidos, la cocina del barco parecía un horno.

Víctor tenía a bordo otros dos retos: Ani es vegana y yo sufro intolerancias alimentarias, a la lactosa y a la fructosa. Nuestras dietas eran casi incompatibles, porque la fructosa se encuentra sobre todo en vegetales. Mi organismo no es capaz de digerir estos azúcares compuestos, presentes no solo en muchas frutas sino también en el ajo, la cebolla y otras verduras. Aunque mis limitaciones alimentarias no eran una elección personal, sino una cuestión de salud, intenté ponérselo fácil a Víctor, explicándole que podía comer carne, pescado, huevos, arroz, pasta, patatas, zanahoria y calabacín. Le dije que en lugar de salsas, bastaba con un poco de sal y aceite. Y que si le parecía complicado, siempre podía comerme un filete con patatas o una tortilla de atún. Pero como buen vasco, Víctor intentaba que su cocina fuera sabrosa, así que solía poner ajo y cebolla en todos sus guisos. Un plato sin esos ingredientes debía de parecerle lo más insípido del mundo, así que cuando me cocinaba algo aparte, lo intentaba compensar con sal. Con el paso del tiempo en alta mar, cuando los víveres empezaron a escasear, mis intolerancias me lo pondrían más difícil. Al regresar a casa había perdido tres kilos.

Desde el aeropuerto de Catania, mi compañero Joaquín y yo llegamos apresurados al barco. Estaba previsto que zarpáramos ese mismo día y creíamos que nos estaban esperando; pero al preguntarles nos anunciaron que con el repostaje de fuel y la puesta a punto, la partida se retrasaría al día siguiente.

El mismo día de nuestra llegada, el capitán nos dio una charla informativa —lo que ahora nos empeñamos en llamar *briefing*— sobre seguridad. Nos informó, por ejemplo, de que detrás de la puerta en cada camarote había un cuadro de actuación de emergencia, que debíamos mirar con detenimiento. Nos dio indicaciones sobre cómo actuar en caso de incendio u otras situaciones adversas. El punto de reunión estaba en la proa y siempre había que acudir con el chaleco salvavidas. Marc nos explicó que los voluntarios eran el corazón de la ONG, pero que a bordo también hacían falta profesionales para que el buque funcionara.

Esa primera noche, mientras Ani daba una clase de yoga a algunos voluntarios que hacían ejercicio para mantenerse en forma, Joaquín y yo salimos a estirar las piernas en busca de un restaurante en Siracusa. No escatimamos en el menú, convencidos de que sería nuestra última cena en tierra firme. Pero al día siguiente el capitán nos informó de que había una avería en un motor auxiliar: por seguridad, no podíamos zarpar hasta que funcionara. Los mecánicos se pusieron manos a la obra para desmontar el motor. Descubrieron que en la culata había una fisura, pero no tenían a su alcance los medios para arreglarla.

Me explicaron que la antigüedad del navío dificultaba encontrar piezas de repuesto. Cuando pregunté cuál era la edad del barco, el capitán me contestó que era viejo, que tenía cuarenta y cinco años. Yo bromeé y me hice la ofendida: «De viejo, nada, ¿eh?». El buque y yo éramos de la misma quinta.

El Open Arms es un remolcador de 37 metros de eslora que el Grupo Ibaizabal, una naviera vasca, donó a Proactiva Open Arms en 2017. Entonces se llamaba Ibaizabal Tres y formaba parte de la flota de Salvamento Marítimo Español. La ONG catalana lo remodeló para su nueva misión en la zona del Mediterráneo Central y lo rebautizó con el nombre actual para convertirlo, nunca mejor dicho, en su buque insignia.

Mientras escribo estas líneas, leo que el Open Arms vuelve a estar amarrado en el puerto de Siracusa. La ONG ha lanzado una campaña de recogida de fondos, un *crowdfunding*, para una reparación de gran envergadura valorada en 600.000 euros. Según la organización, después de meses de continuas averías, «su motor se apaga». Durante la misión 74.ª, en la que rescató a 118 personas, ya necesitó una reparación de emergencia en alta mar.

La avería de julio de 2019 no era tan grave ni costosa, pero nos mantuvo amarrados cuatro días. Mientras buscaban una solución urgente, los voluntarios, Joaquín y yo seguíamos aprendiendo.

En la cubierta de popa, donde disponíamos del mayor espacio abierto y una gran lona que nos protegía del sol, Anabel nos dio una charla sobre la normativa marítima internacional aplicable a los rescates en el Mediterráneo. Yo me había documentado previamente, como hago antes de cada viaje con TVE, pero tomé algunas notas sobre los diferentes convenios internacionales que rigen en el mar. Todos establecen la obligación de socorrer a las embarcaciones en peligro y de rescatar a los náufragos.

La jefa de misión intentaba mantener a los voluntarios ocupados y en forma. Joaquín y yo filmamos y participamos en algunos ejercicios de entrenamiento, para habituarnos a ir en las RIB o lanchas semirrígidas, que serían las primeras en actuar en caso de naufragio o rescate.

La primera vez que subí a la lancha, pilotada por Majo, disfruté como una niña. La mar estaba tranquila, pero en aquella práctica el capitán daba órdenes para llegar a unas coordenadas a toda velocidad. Al principio, Fran y Héctor me ayudaron a sentirme segura y me enseñaron a flexionar las rodillas para no dañarme mi delicada zona lumbar —tengo hiperlordosis— y cómo sujetarme firmemente para no salir despedida de la RIB cuando iba a toda velocidad. Me pareció una práctica emocionante y regresé cargada de adrenalina y alegría; pero pensé que, con mala mar, mal tiempo o de noche, aquello se podía complicar mucho más. La sonrisa se me borró al imaginar el miedo que se podría pasar en una patera o cayuco a la deriva con el embate de las olas.

Al día siguiente de nuestra llegada, el 25 de julio, una noticia nos ensombreció a todos: un nuevo naufragio, el más mortífero del año en el Mediterráneo. Una embarcación de madera con unos 250 migrantes que intentaban llegar a Europa había naufragado frente a las costas libias. Pescadores y la guardia costera de ese país habían salvado la vida de 132, pero había al menos 116 desaparecidos. Una superviviente sudanesa, Sabah, había perdido a su hijo de siete años. Un portavoz de ACNUR, la Agencia de las Naciones Unidas para los Refugiados, recordaba dos necesidades urgentes: liberar a las personas recluidas en los centros de detención en Libia y aumentar la capacidad de búsqueda en la zona. «Necesitamos más barcos de rescate en el Mediterráneo para evitar que se pierdan más vidas», reclamaba Charlie Yaxley.

Mientras aquellas vidas se perdían, la avería mantenía al Open Arms amarrado a puerto. El dolor, la rabia y la impotencia se apoderaban de la tripulación. En aquel momento, no había ningún otro buque humanitario en la zona. Trasladamos aquella información y el sentimiento de frustración al Telediario de TVE, a través de lo que llamamos un *in situ*, un vídeo en el que yo explicaba mirando a cámara la situación desde el puerto.

Al día siguiente, mientras unos mecánicos locales intentaban reparar la fisura del motor auxiliar, el viceprimer ministro italiano lanzaba otro órdago antimigratorio. Esa misma semana, la Guardia Costera italiana había rescatado a 140 migrantes y Matteo Salvini les negaba el desembarco hasta que no hubiera' un acuerdo de distribución de los migrantes rescatados a otros países de la Unión Europea. No era la primera vez que el ultraderechista negaba el desembarco a sus propios guardacostas, como contó en nuestra crónica la jefa de misión, Anabel Montes; pero esos días, varios gobiernos europeos se habían reunido para tratar de alcanzar un acuerdo, sin que saliera a la luz ningún resultado claro, y Salvini no dejaba escapar ninguna ocasión para hacer llegar su retórica antimigratoria.

El capitán Marc Reig resumía el cambio de postura del Gobierno italiano, que se había extendido entre parte de la opinión pública europea: «En el 2015, cuando empezó todo esto, cuando terminabas un rescate te llamaban para felicitarte. Y ahora parece ser que no quieren que rescatemos. Esto nos afecta totalmente: pasar de ser una pieza clave, una ayuda fundamental, porque no había barcos suficientes, a que parezca que estás molestando.»

Como los mecánicos de Siracusa tampoco consiguieron reparar la avería del motor, el Open Arms decidió enviar a uno de los maquinistas, Beneharo, a Holanda, el lugar más cercano donde habían localizado la misma pieza de repuesto. Recuerdo que de aquel viaje ex profeso el joven canario regresó bien entrada la madrugada. A pesar de la hora, los mecánicos, que trabajaban por turnos para vigilar la sala de máquinas las 24 horas del día, se pusieron manos a la obra. Pero cambiar la pieza y hacer las pruebas necesarias para asegurar el correcto funcionamiento llevó lo que quedaba de la noche y parte del día, así que finalmente se hizo tarde para zarpar esa jornada y la mar se veía algo revuelta incluso en el resguardado puerto.

Joaquín y yo empezábamos a impacientarnos, porque con el barco amarrado, periodísticamente no había mucha más tela que cortar. En nuestro cuarto día en Siracusa, el *Telediario Fin de Semana* nos pidió una crónica, lo que en la jerga televisiva llamamos «pieza» y en Latinoamérica «nota», con opiniones de la gente de Siracusa sobre la migración. Reconozco que acepté el encargo con algunas reservas, ya que al salir a la calle y preguntar a unas cuantas personas, se corre el riesgo de que las opiniones recogidas no sean representativas. Digamos que en ese tipo de «encuestas» es difícil encontrar una muestra suficientemente plural, pero sí pueden servir como una especie de termómetro que ayude a tomar el pulso en ese momento. Sin mayor pretensión que esa y que la de seguir trabajando, Joaquín y yo nos lanzamos en busca de sicilianos dispuestos a hablar ante nuestra cámara sobre la inmigración.

Al exponerles el tema, bastantes personas rechazaron mi petición, incluido un español que acudió al verme con el micrófono de TVE, lo que daba una idea de la polémica que suscitaba en el país la llegada de migrantes a través del Mediterráneo. En las calles de Siracusa había muchos extranjeros, pero no eran migrantes, sino turistas. Para nuestra sorpresa, al menos en Siracusa, no encontramos apenas seguidores del ministro

31

Salvini. Los gobernantes a menudo no representan el sentir mayoritario de una población. Sí había entre las personas a las que preguntamos grandes dosis de sentido común. Todas coincidían en señalar que la inmigración no era un problema que afectara solo a Italia y que seguiría existiendo en un mundo desigual como el nuestro. «Hasta que no haya una distribución de la riqueza para todos, es algo con lo que deberemos convivir», asumía Mirco.

Domenico, un joven que hablaba español, nos reconoció que el discurso de Salvini estaba calando: aunque él estaba a favor de abrir las puertas a los migrantes, percibía que había parte de la población que empezaba a radicalizarse y a odiarlos. Estoy segura de que había partidarios de ese discurso del odio —ahí estaban los votos que habían aupado a la ultraderecha al poder—, pero no se atrevían a defenderlo ante nuestra cámara. El odio siempre se expresa mucho mejor entre multitudes y de forma anónima.

Varios de los italianos a quienes preguntamos mostraron su solidaridad con los migrantes, conscientes de que su país, como tantos otros, había prosperado económicamente con la migración y de que los propios italianos habían emigrado a otros países en épocas de vacas flacas buscando esa misma prosperidad que no hallaban en su tierra. Cargada de empatía y con el brillo de quien recuerda lo que duele abandonarla, Rita, una italiana ya jubilada, nos dijo: «No se va uno de viaje con los ojos cerrados arriesgando la vida, sin saber cómo está el mar, en esas condiciones, con niños pequeños, si no estás desesperado». Y nos recordó que la historia siempre se repite.

Cuando bajó el sol y, con él, el calor, dimos un paseo tardío por Siracusa. Mientras tomábamos algo en la terraza de un bar, el capitán nos dijo que al día siguiente habría mala mar y nos insinuó que convendría esperar un día más para zarpar. A Joaquín y a mí nos bastó una mirada para compartir nuestra preocupación. Entre unas cosas y otras, llevábamos ya cuatro

una cifra y dudé de la pertinencia de aquel dato en nuestra crónica. A fin de cuentas, no era más que un número. Un mes después, sabría que aquella sería «la» misión del Open Arms y «Misión 65» daría título al reportaje-documental que haríamos para *En Portada*.

Desde la proa, al sentir el viento en mi rostro, recordé al poeta que más me ha acompañado, Mario Benedetti: «Me gusta el viento. No sé por qué, pero cuando camino contra el viento, parece que me borra cosas. Quiero decir: cosas que quiero borrar». Al navegar, esa sensación es aún más fuerte que al caminar. No sabía muy bien qué quería eliminar u olvidar, quizás solo se trataba de abandonar mi zona de confort. Pero experimenté de nuevo la excitación de enfrentarme, ahora sí, a una nueva aventura periodística.

Me asomé por babor a ver cómo poco a poco se alejaba la bahía que se había convertido en nuestro paisaje durante los últimos cinco días, y con ella, la seguridad y la certidumbre que proporciona la tierra firme. Entonces aún no era consciente de la importancia de aquella necesidad humana.

Al salir a mar abierto, las olas empezaron a golpear con más fuerza el casco del buque. Concentrada en el trabajo para enviar nuestra primera crónica desde el barco en marcha, no llegué a percatarme del movimiento hasta que me resultó necesario agarrarme para mantenerme en pie. Iñas, el médico, nos había aconsejado tomar una Biodramina por la mañana, antes incluso de zarpar. No lo hice, pero no por desobediencia o por hacerme la fuerte, sino porque quería descubrir si realmente me mareaba al ir en barco o podía aguantar sin pastillas. Fue una osadía absurda: desde bien pequeña, siempre me he mareado al ir en coche en el asiento de atrás o simplemente al leer un mapa como copiloto.

Fue al bajar al comedor cuando empecé a notar un leve mareo. Entendí entonces por qué la mesa tenía alrededor un borde de madera de unos dos centímetros de altura, para evitar que con el movimiento cayeran al suelo los platos o utensilios. El calor y la falta de aire fresco que solía haber en ese habitáculo tampoco ayudaban. Los dos ventanucos permanecían a menudo cerrados para que no se saliera el aire acondicionado, a pesar de que en aquella pequeña sala pocas veces funcionaba la refrigeración.

Antes de comer decidí tomarme una Biodramina con cafeína, para evitar la somnolencia. Como la mar estaba revuelta, la mayoría de los voluntarios y parte de la tripulación permaneció echada en sus camarotes. Tumbarse era sin duda la mejor forma de aguantar aquel creciente vaivén. Pero Joaquín y yo teníamos que trabajar, así que intenté salir a la cubierta de popa a despejarme con el aire fresco. Mi compañero, mientras tanto, seguía grabando. A mí, que ya tenía la cabeza aturdida, me parecía una auténtica proeza, porque hay pocas cosas que mareen más en un barco que mirar a través del visor de una cámara o por unos prismáticos.

Con el fresco me sentí algo más aliviada y, presionada por la hora, subí al puente de mando para escribir la crónica. Era la parte más alta de la embarcación y, por tanto, donde más se notaba el balanceo; pero había dos cosas que funcionaban mucho mejor allí que en nuestro camarote: el aire acondicionado y la conexión inalámbrica a Internet, por la que debíamos mandar nuestro vídeo.

Cuando intenté fijar mi mirada en la pantalla del ordenador, sentí la primera arcada. Bajé las empinadas escaleras aferrándome a la barandilla y me llegó justo para vomitar en el aseo de la primera planta, donde tenían sus camarotes el capitán, los oficiales y los maquinistas. Al subir de nuevo al puente de mando, lo volví a intentar… y otra vez llegué por muy poco al WC.

Me recorrió la espalda y la frente un sudor frío e, incapaz de mantener el equilibrio, me tumbé en el rígido sofá desde el que escribía y editaba las crónicas. Solo con los ojos cerrados y en posición horizontal lograba paliar la angustia que se apoderaba de mí... Pero había que acabar el trabajo.

Mi cara debía de parecer de cera cuando pedí que alguien me trajera un cubo para no tener que levantarme cada vez. Cuando logré incorporarme, Joaquín me puso delante el ordenador de edición para mostrarme las imágenes que había montado del oleaje y la travesía. Pero nada más fijar mis ojos en la pantalla, me sacudió una nueva arcada.

Hice de tripas corazón para llegar a sentarme en uno de los dos sillones desde los que se podía pilotar la nave y Joaquín me grabó un *in situ* agarrada al brazo del sillón y con el rostro demacrado. Volví a tumbarme, consciente de que no sería capaz de escribir ni una palabra de la crónica en el ordenador. Ante mi impotencia y viendo mi mal estado, Mauro se ofreció a escribirla. Los gestos de generosidad en los peores momentos nunca se olvidan. Yo le dictaba tumbada en el sofá, arrancando de mi mente espesa y mi garganta dolorida las frases de la crónica que más se me ha resistido. Con su ayuda y la de Joaquín, la logramos acabar. Los vómitos me resultaban cada vez más dolorosos: ya hacía tiempo que no me quedaba ni bilis. Parecía que con cada uno se me escapara un poco de vida. Me aconsejaron que comiera algo para que el estómago no estuviera vacío, pero ni mi mente ni mi cuerpo eran capaces en aquel momento de aceptar ingerir ni siquiera agua.

Después de todo el esfuerzo y aunque mi aspecto fuera deplorable, aquella crónica tenía que llegar a Torrespaña, la sede de Informativos de TVE en Madrid, como fuera. El vídeo arrancaba con un «planazo» que Joaquín había grabado con su móvil, cuando una ola saltaba por encima del puente de mando.

Alejados de tierra, apenas teníamos conexión telefónica y solo podíamos enviar el archivo por la wifi del barco, que funcionaba vía satélite. Pero el continuo balanceo del buque impedía una conexión estable y finalmente no hubo forma de que aquella crónica llegara a tiempo para emitirse en el *Telediario* de las 21:00 horas.

Fui incapaz de contar todas las veces que había vomitado. Abatida por la amargura de la bilis y de todo aquel esfuerzo en vano, me dirigí a mi camarote. Me acompañó el médico, Iñas, que con mucha amabilidad me explicó que los mareos tienen una parte física y otra psicológica. Es decir, cuando vemos que no somos capaces de frenar el vómito ni la sensación de vértigo, el agobio que sentimos por el constante movimiento nos genera una ansiedad difícil de controlar. Lo primero era tumbarme en la cama. Lo segundo, tomar una Biodramina más, esta sin cafeína, para que me entrara sueño. E Iñas me dio un tercer consejo: «Si tienes música tranquila, escúchala. Te ayudará a relajarte y a olvidarte del mareo», me dijo.

Me desplomé en la parte baja de la litera, incapaz de encaramarme a mi colchón con aquel vaivén incesante y mis escasas fuerzas. Recuerdo que puse en el iPod en modo aleatorio varios discos de The Nightnoise, música instrumental *new age* que me acunó entre el sueño y la vigilia durante varias horas.

Exhausta físicamente, también me sentí mal y con cierta responsabilidad al recordar que el capitán nos había advertido de la mala mar y de la conveniencia de esperar amarrados a puerto un día más. Aunque yo sabía que esa razón, que ahora comprendía mejor que nadie, no hubiera sido aceptable para que Televisión Española nos mantuviera allí sin zarpar y hubiera supuesto nuestro regreso, sin haber participado siquiera en aquella misión. Con el tiempo, una aprende a perdonarse y a asumir las consecuencias de sus decisiones. Los errores que cometemos nos permiten aprender y avanzar; los lamentos solo nos lastran.

Cuando vi la primera claridad del amanecer, el oleaje dio algo de tregua y pude conciliar el sueño reparador que tanto necesitaba. Por la mañana, Joaquín me confesó que después del envío fallido, él también había vomitado, como si

en aquella acción hubiéramos arrojado la rabia y la impotencia de que nuestro trabajo no llegara. Los dos lo habíamos
dado todo, pero eso no siempre es una garantía. *Shit happens,*
como dicen los ingleses: sí, lo malo ocurre, a veces de forma
inevitable… Y lo comprobaríamos en más de una ocasión a lo
largo de aquella travesía.

4

Sin patrón de búsqueda

Actualizada con algunas imágenes del día y un *in situ* en el que mi rostro había recuperado el tono sonrosado, enviamos una crónica al *Telediario* sobre las casi 24 horas de mala mar con las que había arrancado nuestro viaje hacia la zona más mortífera del Mare Nostrum. Si las olas de más de dos metros podían zarandear así a un barco de 32 metros de eslora, no podía imaginar las embestidas que supondría para cada una de las frágiles embarcaciones que salían a diario de las costas libias. Para la tripulación, no había tiempo que perder. Durante los cuatro días que la avería había retrasado la salida del Open Arms, más de 1.200 personas habían intentado migrar desde Libia hacia Europa. Entre ellas, al menos 116, casi un diez por ciento, habían perdido la vida en un solo naufragio.

La ausencia de barcos humanitarios de rescate en esa zona durante la semana anterior no había frenado ni detenido ese flujo migratorio, lo que contradecía la hipótesis de que las oenegés generen lo que llaman el «efecto llamada», que más embarcaciones con migrantes se lancen al mar con la esperanza de que alguien los rescate.

Voluntarios y tripulación permanecían vigilantes y atentos a cualquier signo de vida. De vez en cuando unos delfines rompían la monotonía del mar azul. Aquellos seres inteligentes y sensibles se cruzaban por la proa o se unían a nuestra travesía por un momento, en una especie de juego que suponía un auténtico regalo para nuestra rutinaria navegación.

En esos casos, el Open Arms seguía navegando sin aminorar la marcha. Pero hubo un par de ocasiones en las que frenó e incluso cambió el rumbo. Era el último día de julio. Uno de los voluntarios había visto a través de los prismáticos unos chalecos salvavidas. Podían ser los restos de un naufragio. Como le habían enseñado, el voluntario mantuvo el brazo y su dedo índice señalando en la dirección del avistamiento hasta que el capitán maniobró para acercar la nave. La tripulación los sacó del agua: solo eran un par de chalecos quizás abandonados o extraviados en un rescate anterior. La escena se repitió una vez más esa jornada.

Con la mar en calma, entre hallazgo y hallazgo, puse todos mis sentidos en tratar de comprender lo mejor posible el alcance de aquella misión del Open Arms. Su jefa, Anabel Montes, y el capitán me ayudaron a familiarizarme con conceptos como la zona SAR (las siglas en inglés de la expresión *search and rescue*), el área de búsqueda y rescate que se asigna a cada país y que va más allá de su litoral y sus aguas territoriales. Por cierto, también me explicaron que las aguas territoriales de un país llegaban hasta 12 millas náuticas, pero que cada estado soberano puede aplicar sus leyes hasta las 24 millas de su costa, en lo que se llaman aguas contiguas o zona contigua. Esa era la distancia a la que había que quedarse para no entrar ilegalmente en las aguas de un país si no se disponía de autorización.

Mientras nos aproximábamos a la zona SAR libia, Joaquín y yo íbamos grabando y haciendo entrevistas para profundizar en el funcionamiento del Open Arms. Si antiguamente los marinos se orientaban con la brújula y las cartas de navegación, ahora una pantalla de ordenador mostraba en tiempo real la posición del buque y podíamos conocer en cada momento nuestras coordenadas y la distancia a cualquier punto del mapa.

41

Al observar aquella carta electrónica y calculando la distancia recorrida en un día de navegación, me sorprendió la inmensidad de la zona de búsqueda y rescate libia, sobre todo si teníamos en cuenta que desde la caída de Gadafi, a la que había contribuido la OTAN en 2011, Libia es un estado fallido sumido en el caos y en una guerra civil, que se había recrudecido solo unos meses antes, en abril de 2019, cuando el mariscal Jalifa Hafter había lanzado su ofensiva en torno a la capital, Trípoli.

Precisamente, ese caos y desgobierno habían convertido a Libia en terreno abonado para que las mafias que se dedican al tráfico de personas y de armas camparan a sus anchas. Y sus playas, en el principal punto de partida de la migración irregular a través del Mediterráneo, a pesar de que esa ruta es hoy en día la más mortífera.

En ese contexto, sobre el que me había documentado para preparar un posible viaje a Libia de *En Portada*, le pregunté al capitán del Open Arms en quién recaía la responsabilidad del salvamento en esa extensa zona conocida del Mediterráneo Central. Marc Reig, consciente de que las organizaciones humanitarias estaban asumiendo unas tareas de búsqueda y rescate que en realidad debían llevar a cabo otros, me respondió: «Lo mejor sería que lo hicieran los estados y tendrían que hacerlo ellos, que tienen más recursos que una ONG, con un barco viejo y que hace lo que puede para rescatar. Libia está en guerra y le han asignado una zona de rescate, pero parece ser que lo que están haciendo es un control de fronteras, no de búsqueda y de rescate, como debería ser. Está comprobado que continúa ahogándose gente, por lo que somos necesarios».

Las autoridades libias no eran las únicas que no cumplían con sus obligaciones. El Gobierno italiano no permitía desembarcar en ninguno de sus puertos a las personas rescatadas por su propia Guardia Costera. La presión —siempre mediática— de Matteo Salvini surtió efecto y el 31 de julio consiguió que Alemania, Francia, Portugal, Irlanda y Luxemburgo se hicieran cargo de acoger a los 116 migrantes rescatados. Solo entonces el propio ministro del Interior autorizó el desembarco, que había retrasado en contra de la legislación internacional y marítima.

Esa misma mañana, el Open Arms recibía temprano un aviso por radio de una embarcación en apuros. La ONG alemana Sea-Eye acudía en su ayuda con su barco Alan Kurdi, bautizado como el niño sirio que apareció ahogado en una playa turca. Su imagen, tan dura como inocente, de un pequeño de tres años que todos podíamos sentir nuestro, había conmocionado al mundo entero, pero cuatro años después ya pocos tenían presente que cada día había pequeños como él que, huyendo de un infierno, podían acabar engullidos por el mar.

Después de una noche con el motor al ralentí, casi parado, a la mínima velocidad necesaria para que el buque pudiera ahorrar combustible sin quedar a la deriva, el Open Arms reemprendió la navegación rumbo al sur. El barco humanitario se fue aproximando a la zona SAR libia, pero solo se adentraría en ella si había una emergencia, una embarcación en *distress*, que dicen los socorristas y que nosotros diríamos en apuros o en peligro.

El buque de Proactiva tenía más limitaciones que otros barcos humanitarios de rescate. El Gobierno español, que había mantenido varios meses al Open Arms amarrado en el puerto de Barcelona, había limitado la capacidad de actuación del buque a través de una resolución de despacho del capitán marítimo de Barcelona. Ese documento tenía una enorme capacidad disuasoria: si el buque lo incumplía, se podía enfrentar a una multa de hasta 901.000 euros.

Le pregunté a la jefa de misión sobre esas limitaciones, qué podían hacer en aquella misión y qué no. Anabel Montes me lo resumió así: «Evidentemente, si nos encontramos una embarcación en peligro en nuestra ruta, tenemos la obligación primero moral y después legal de tener que asistir y prestar auxilio a cualquier vida en peligro. Nuestras limitaciones se ven afectadas en el sentido de que no podemos hacer búsqueda activa de esas embarcaciones».

Ani me lo explicó con más detalle sobre la pantalla del ordenador que marcaba nuestra posición y la de otros barcos. Según su interpretación, el Open Arms no podía llevar a cabo lo que llaman un patrón de búsqueda, es decir, no podía peinar o barrer la zona. Los demás buques humanitarios, cuando estaban en esa área, la recorrían dibujando una especie de zigzag o peine, que podían trazar yendo en una misma dirección e invirtiendo el sentido alguna milla más allá para no volver sobre la franja rastreada.

Antes de mi viaje, un compañero de TVE que había seguido el tema y había hablado con la autoridad competente, compartió conmigo la información que tenía sobre esa resolución. El Open Arms había solicitado, como venía haciendo hasta el momento, salir con destino a la zona SAR de Libia para la que venía siendo su misión: la vigilancia y el rescate. Pero a diferencia de las ocasiones anteriores, la resolución de la Capitanía del Puerto de Barcelona, con fecha del 8 de enero de 2019, desautorizaba al buque humanitario a llevar a cabo operaciones de observación y/o salvamento en el Mediterráneo fuera de la zona SAR española.

El documento argumentaba que el Open Arms no contaba en ese momento con certificados que garantizaran la seguridad marítima para transportar a un elevado número de personas a bordo, más allá de su tripulación. Y que eso comprometía la seguridad del propio buque, de la tripulación y de las personas auxiliadas que fueran a bordo. La resolución hacía hincapié en que el peligro se agravaba todavía más cuando el buque debía seguir navegando durante largos períodos de tiempo, a veces de más de una semana, ya fuera porque las autoridades responsables de las zonas SAR contiguas no autorizaran el desembarco o porque el navío no lo solicitara.

Esa misma autoridad marítima señalaba que cuando el Open Arms había hecho la petición para salir de Barcelona con otro destino y otra finalidad, sí se le había autorizado. Ocurrió el 16 de abril de 2019, cuando el buque de Proactiva solicitó salir con destino a la isla griega de Samos para transportar ayuda humanitaria. Para esa misión, el mismo capitán marítimo había autorizado al Open Arms su partida del puerto de Barcelona.

La resolución del 8 de enero recordaba que el incumplimiento de lo que se disponía en aquel despacho se podía considerar una infracción contra la seguridad marítima y, según la Ley de Puertos del Estado y de la Marina Mercante, se podía sancionar con una multa de hasta 901.000 euros. Además, el barco podía volver a ser bloqueado.

Con esa espada de Damocles, el Open Arms partía de Sicilia en su misión 65.ª. Sabía que no tenía autorización española para realizar labores de búsqueda y rescate en la zona SAR libia, así que solo podía permanecer allí, sin hacer patrones de búsqueda activa e intervenir únicamente en caso de emergencia, como tendría que hacer cualquier nave si era la más cercana a la embarcación en peligro.

Cualquier aviso llegaba a través del sistema de radio, que estaba encendido a un volumen considerable en todo momento. Había un canal de emergencia para las llamadas de socorro, el 16 de VHF, por el que solo se debían comunicar las embarcaciones con problemas y quienes acudieran en su auxilio. Pero recuerdo que a menudo, sobre todo por las noches, había conversaciones de oficiales aburridos y negligentes, que no dejaban aquel canal libre. De vez en cuando el capitán, Marc, hacía una llamada al orden recordándoles que debían cambiar de frecuencia y dejar aquel canal solo para llamadas de auxilio.

45

Los ojos de las oenegés de rescate desde el cielo eran dos avionetas: Colibrí, de la ONG Pilotes Volontaires, y Moonbird, de la organización Sea Watch. Las dos aeronaves se dedicaban a sobrevolar la zona del Mediterráneo Central para avistar pateras. Cuando veían una embarcación en apuros, lanzaban inmediatamente la alerta con las coordenadas a los barcos humanitarios para que acudieran en su ayuda. En aquellos días operaba la francesa Colibrí, que al menos en un par de ocasiones saludó al Open Arms con un vuelo raso ante su proa.

Una semana después de que finalizara aquella misión número 65, las autoridades italianas prohibirían a las dos avionetas despegar, alegando que solo tenían permiso para realizar actividades recreativas y no para operaciones de búsqueda y rescate. Las dos oenegés lo consideraron una persecución por razones políticas. Se estrechaba aún más el cerco sobre las organizaciones humanitarias que se dedicaban al rescate en el Mediterráneo, tanto en el mar como desde el aire.

Ese mismo día, el 28 de agosto, la Agencia de la ONU para los Refugiados, ACNUR, volvía a hacer un llamamiento a través de su portavoz en Twitter: «Deben cesar las restricciones legales y operativas que se imponen a las ONG que desean realizar actividades de búsqueda y rescate, tanto en tierra como en el mar. Los Estados costeros deberían facilitar, no impedir, los esfuerzos de los voluntarios para reducir las muertes en el mar». Un día antes, al menos cuarenta personas se habían ahogado frente a las costas libias en un nuevo naufragio.

A través de sus políticas migratorias, algunos Estados ribereños de la Unión Europea no solo estaban incumpliendo sus obligaciones de salvamento, sino que sancionaban e incluso criminalizaban a las oenegés que se dedican a salvar vidas en el Mare Nostrum. Las trabas políticas y administrativas estaban obligando, explícita o implícitamente, a las organizaciones humanitarias a alejarse del Mediterráneo Central. Pero aquellos impedimentos no solo los ponía el Gobierno de Italia, a través del ultraderechista Salvini. En España, el Ejecutivo imponía al Open Arms restricciones que le impedían llevar a cabo sus labores de búsqueda y rescate en la zona más mortífera. Ya fuera por cuestiones de operatividad o por temor a las sanciones y al bloqueo de la nave, el hecho es que el buque humanitario no ha vuelto a atracar en un puerto español hasta febrero de 2020, cuando se ha agotado su motor.

Esas cortapisas las ha impuesto el mismo Gobierno que solo un año antes, en un alarde de solidaridad y ante medios de todo el mundo, había recibido en el Puerto de Valencia al Aquarius y a otros dos barcos italianos, con 630 migrantes rescatados, después de que Italia y Malta les negaran el desembarco. Sí, el discurso antimigratorio no solo ha ido calando en parte de la opinión pública; sus tentáculos van más allá. Los mensajes repetidos y extendidos por la extrema derecha —muchos de ellos, falsos— también han llegado a influir en las políticas migratorias de los gobiernos que se decían dispuestos a acoger a los migrantes rescatados tan solo unos meses antes.

47

5

El primer rescate

$\mathcal{L}$levábamos tres días de navegación y estábamos en el ecuador de la semana. Salvo que hubiera algún rescate o lo impidieran las condiciones marítimas, estaba previsto que mi compañero Joaquín y yo regresáramos a Madrid el fin de semana, a mitad de la misión. Antes de zarpar, la organización se había comprometido a llevarnos a puerto a la isla más cercana y aprovecharía ese atraque para hacer el relevo mediático. Según nos dijeron, cuando bajáramos los de Televisión Española, subiría el diario *El País*.

En el reparto de horarios para hacer guardia, el capitán nos había asignado a Joaquín y a mí el mejor turno: de seis a nueve de la mañana y de seis a nueve de la noche. Teníamos garantizados los amaneceres y los atardeceres, los momentos con la luz más hermosa y cálida para grabar. Y aunque había que darse un buen madrugón, al menos no nos partía el sueño en dos.

Las guardias de vigilancia se hacían desde el puente de mando y consistían en otear el horizonte, con ayuda de los prismáticos, a medida que avanzaba el barco. Por la velocidad que llevábamos, la observación no exigía estar todo el tiempo con la mirada fija. También era una forma de acompañar y hacer más llevadero el tiempo a quien estuviera al mando de la nave. A partir del segundo o tercer día de travesía, el generoso de Joaquín me propuso hacer él la primera hora y media de las tres que nos correspondían, para que yo pudiera descansar un poco más. Sabía que soy ave nocturna: me resulta más fácil aguantar despierta y trasnochar que madrugar. Además, soy incapaz de dormir la siesta, algo que él conseguía con facilidad si el ritmo de trabajo lo permitía.

Durante nuestro turno matutino de guardia, de seis a ocho coincidíamos con Erri, el primer oficial. Gracias a la gentileza de los dos, he de reconocer que pocas veces tuve que estar en pie a las seis de la mañana. Yo solía llegar a las 7:30 y en ese momento le tenía que insistir a Joaquín para que bajara a tomarse un café. Recuerdo que el primer día me llamó la atención que las cafeteras que había en la cocina fueran tan grandes y que casi siempre hubiera café hecho. A partir del segundo día de guardia, lo comprendí perfectamente. Si no hubiera sido porque a mi estómago le sienta mejor el té, me habría tomado un café tras otro para mantenerme despejada.

A las ocho de la mañana subía el capitán. Era entonces cuando Erri, que llevaba despierto desde las cuatro de la madrugada, se marchaba a su camarote a intentar descansar. Cuando aquella mañana le pregunté a Marc sobre las probabilidades de que encontráramos alguna embarcación en peligro antes de que tuviéramos que regresar a tierra, me dijo una vez más que no podía dar nada por seguro, pero que con aquel buen tiempo y con la mar tan calma como estaba, era muy probable que salieran más pateras desde las costas libias.

Desde el puente de mando, seguían al detalle las previsiones meteorológicas y marítimas, y con las millas de navegación que Marc llevaba a cuestas, no solía equivocarse en sus pronósticos. Antes de abandonar la isla de Sicilia, el capitán ya me había dicho que el 31 de julio las condiciones mejorarían notablemente y que a partir del 1 de agosto habría más probabilidades de que aquellas embarcaciones endebles que

49

salían sobrecargadas desde Libia llegaran hasta la zona y necesitaran auxilio.

Aquella mañana del 1 de agosto, después de desayunar, subí de nuevo al puente de mando. Serían las diez de la mañana cuando alguien gritó: «¡Una tortuga!». La escena no habría servido más que para romper el tedio de no haber sido porque aquel animal marino estaba atrapado en una maraña de hilo y cordel de plástico, que negligentemente habrían tirado o extraviado algunos pescadores. Me sorprendió ver cómo ni el capitán ni la tripulación dudaron ni un momento en hacer todas las maniobras necesarias para acercar el buque a la tortuga hasta lograr sacarla del agua. Una vez en la cubierta de popa, Carlos cortó los hilos que la amordazaban. El pequeño animal tenía heridas profundas en el cuello y en la aleta delantera, causadas por el cordón del que debía de llevar semanas o quizás meses intentando desprenderse. Sin pensarlo dos veces, pero con sumo cuidado, el contramaestre le quitó los últimos pedazos de hilo adheridos a la piel y se la dio a Ani para que la devolviera al mar. Al regresar a su medio, aquella tortuga pudo por fin nadar en libertad. Recuerdo que grabé la escena con mi móvil y pensé en lo bien que nos habría venido aquella imagen para el *En Portada* que habíamos hecho meses antes desde Grecia sobre la contaminación del mar por plásticos, titulado «Vertedero Nostrum».

Paradójicamente, la primera vida que salvó el Open Arms en aquella misión no fue humana. No era un barco de una organización ecologista; pero aquella imagen, aquella tortuga herida y atrapada por el plástico, nos hizo reflexionar a bordo sobre toda la vida que está desapareciendo en nuestros mares por la incauta mano del hombre y por el uso masivo y descuidado de un material que puede llegar a tardar siglos en descomponerse.

Aquella mañana Joaquín y yo decidimos preparar nuestro trabajo por si el Open Arms no salvaba más vidas que la de aquella tortuga marina. El programa *Informe Semanal* nos había enviado y había que sacar un reportaje, pasara lo que pasara, así que nos planteamos escoger varios perfiles entre la tripulación y los voluntarios, para reflejar a través de ellos la vida a bordo de aquel buque de salvamento en aquel momento en el que las autoridades se lo estaban poniendo cada vez más difícil.

Comimos pronto y me subí al puente de mando para visionar parte del material grabado y ver cómo podíamos enfocar el reportaje. Serían en torno a las dos de la tarde cuando de repente Ani, que siempre estaba pendiente de su móvil y del ordenador, saltó de su asiento, con gesto nervioso. Había llegado un mensaje de emergencia. Una embarcación se encontraba en apuros y el Open Arms era el buque más cercano para acudir en su auxilio.

La jefa de misión reunió a los socorristas en la cubierta entre las dos lanchas rápidas, les dio instrucciones y en apenas unos minutos, el primer equipo estaba listo. Los voluntarios habían cargado chalecos para adultos y para niños, con todo lo necesario para auxiliar a los posibles náufragos. La primera lancha en acudir a las coordenadas facilitadas en el aviso de emergencia fue la que pilotaba Mauro. Como habíamos decidido previamente, en esa RIB iría Joaquín. Para una crónica de televisión, lo primero son las imágenes. Yo llegaría poco después en la segunda lancha, con Majo al timón. Nuestra RIB tenía más dificultad para maniobrar, porque habían colocado en la popa un largo cilindro hinchable de color naranja que sirve para que, en caso de emergencia, los náufragos se puedan agarrar hasta que los rescaten del agua.

Para completar la grabación desde otra perspectiva, yo llevaba la cámara GoPro con una funda acuática. Era la primera vez que grababa con ella, así que dada mi falta de pericia, no confiaba en ella más que como posible refuerzo para el reportaje de *Informe Semanal*, porque sabía que la imagen que graba-

51

ra Joaquín sería sin duda la mejor y daría de sí para sacar tanto la crónica del *Telediario* como el reportaje largo.

Antes de llegar a las coordenadas que indicaba el aviso, encontramos una barquichuela azul de madera. A bordo iban hacinadas 55 personas. Entre ellas había 16 mujeres y dos bebés, con la cara muy roja, quemada por el sol. Uno de ellos no dejaba de llorar. Su llanto era un grito agudo y desesperado que atravesaba el alma. En las situaciones límite, los adultos sentimos la obligación de mantener la calma y la compostura. Pero las reacciones de los niños, y todavía más las de los bebés, son siempre sinceras, sin filtros.

La patera no dejaba de dar vueltas sobre sí misma. Parecía que el timón se hubiese quedado atrancado en una posición de giro. Además, se iba escorando paulatinamente hacia un lado. Me pregunté desde cuándo estarían sus pasajeros así y me costó creer que pudieran aguantar muchas horas en ese estado.

52 La primera lancha de socorristas se aproximó a aquella frágil embarcación con un cuidado extremo para que no volcara ni perdiera el equilibrio con el movimiento. Desde el mando de la RIB, Mauro examinaba su situación y preguntaba en inglés a sus pasajeros. Un joven árabe a bordo hacía gestos con las manos y negaba con la cabeza, lo que parecía indicar que no tenían a nadie que manejara el timón. Mauro reportaba al Open Arms: «La embarcación no tiene gobierno, no pueden gobernarla. Nos indican que uno de los bebés no está bien».

Desde la lancha se podía ver que aquella patera tenía en la proa al menos un par de vías de agua. Aquel cascarón rajado podría aguantar poco tiempo más a flote. Los socorristas nos pidieron que grabáramos los detalles que ayudaran a describir la situación en la que se encontraba aquella embarcación. Era importante demostrar que quienes iban a bordo corrían peligro.

Los socorristas se aproximaron aún más a la barca y repartieron chalecos para todos sus pasajeros. Sorprendentemente, unos pocos llevaban alrededor de su cuello un salvavidas neumático negro. En caso de naufragio, de aquellas 55 personas, se hubieran podido aferrar a esos flotadores menos de diez. Una vez puesto el chaleco salvavidas, lanzaron aquellos *donuts* negros al mar. Aquella imagen se me quedó grabada en la retina: unos salvavidas de recreo, como los que utilizábamos durante nuestra niñez, cuando aún no sabíamos nadar, eran la única medida de seguridad para que aquellas 55 vidas no naufragaran.

A primera hora de la tarde el ambiente era asfixiante, el sol de agosto abrasaba sin piedad y la humedad espesaba el aire. No podía imaginar cómo podían ir tantas personas, incluso con bebés, apretujadas en aquella inestable embarcación, expuestas no solo a los estragos del mar, sino también de la radiación solar y del sofocante calor. Por muchas imágenes que hubiera visto de situaciones similares, no había nada como verlo en vivo para entender su verdadera fragilidad.

El capitán nos contó que habían enviado un *e-mail* a todas las autoridades, tanto a las de Libia como a las de las zonas de rescate adyacentes, es decir, italianas y maltesas. En caso de emergencia, la nave tenía que comunicarse con el Centro de Coordinación de Rescate Marítimo (MRCC, por sus siglas en inglés) de la zona en la que se encontraba la embarcación en peligro. La jefa de misión, Ani, había escrito a los MRCC de Libia, Italia y Malta. Además, el capitán había hecho una llamada de radio por el canal de socorro VHF al Centro de Coordinación libio, sin obtener respuesta.

Resultaba llamativo ver a un grupo de personas en una situación tan vulnerable y no actuar de inmediato. Mauro, desde la primera lancha semirrígida, estaba en continua conversación con el capitán, quien le preguntaba una y otra vez sobre las condiciones en las que se encontraba tanto la embarcación como sus pasajeros, antes de emprender ningún tipo de actuación. El capitán insistía en un mensaje: «No actuéis antes de

53

recibir órdenes. Repito: no actuéis». Todas aquellas conversaciones por radio quedaban registradas. Los del Open Arms sabían que se la jugaban. No podían actuar a la ligera.

Esperaron un tiempo prudencial. Pero ante la ausencia de respuesta y con la situación de peligro y de desgobierno de aquella barquichuela atestada de gente, los socorristas recibieron la orden desde el puente de mando del Open Arms de proceder al rescate. Primero había que salvar a las mujeres y a los dos bebés. Por el continuo movimiento circular de la patera y empuje de las olas, hubo que hacer varias maniobras hasta que la RIB pilotada por Mauro logró colocarse justo al lado, de forma que los migrantes en peligro pudieran ir pasando a la lancha de uno en uno.

Desde la proa de la lancha, el primer socorrista, Pancho, ayudado por el segundo, Fran, le daba la mano a la primera mujer para que saltara a la RIB. Agarrada por los dos, la vimos perder el equilibrio y tambalearse hacia atrás, pero por suerte no se cayó. Una a una se iban sentando en el suelo de la lancha de rescate. Dos de las mujeres cargaron a los bebés, que eran gemelos, sin que el que parecía enfermo detuviera el desasosiego de su llanto.

Cuando las 16 mujeres y los dos bebés habían pasado a la lancha, Mauro la dirigió hacia el Open Arms, que seguía toda la operación desde una distancia de entre 50 y 100 metros. Fue entonces cuando el capitán empezó a dar órdenes a Majo, que pilotaba la segunda RIB. La aproximación a la barquichuela también llevó un tiempo. Cuando por fin conseguimos que nuestra proa se quedara junto a la patera, los dos socorristas, Panamá y Héctor, empezaron a ayudar a que pasaran uno a uno los varones que quedaban a bordo.

Recuerdo que el primero era un hombre árabe de piel oscura con larga barba y que llevaba en la frente la marca que se hacen algunos musulmanes muy practicantes al rozar una y otra vez su frente con la alfombra durante el rezo. Lo miré, pero él apenas levantaba la vista. Cuando me giré a ver quién era el siguiente, me topé con los ojos grandes de un chico que parecía menor de edad. Tenía el pelo rizado y llevaba gorra. Él no esquivó mi mirada; al revés, creo que la buscó. Todavía se leía el susto en su rostro. Intenté tranquilizarlo con unas palabras en árabe: «*Marhaban! Kul tamam*» (¡Hola! Todo está bien). Sus ojos sonrieron más que la comisura de sus labios. Me sentí contenta de que mis cuatro años estudiando árabe hubieran servido al menos para calmar a alguien después de vivir una situación tan angustiosa.

Los rescatados se fueron sentando uno junto al otro, con las piernas flexionadas para que cupieran más. Aun así, no hubo suficiente sitio para todos y la primera RIB volvió para completar el rescate. Nosotros partimos hacia el Open Arms, que mantenía abierta la portezuela de la cubierta de popa; pero para subir de la lancha semirrígida al buque había que tomar impulso y dar un salto, y la mayoría de los náufragos llegaban sin fuerzas, insolados y deshidratados. Llevaban unas veinte horas navegando, sin ingerir ningún tipo de alimento ni agua. Desde la cubierta, la tripulación y los voluntarios los ayudaban a subir; de los más débiles, tiraban a pulso.

A mí me parecía casi un milagro que hubieran llegado hasta allí en aquella barquichuela. Estábamos en la zona de rescate libia, a cinco millas náuticas de la zona maltesa y más de 70 de la costa libia, de la que habían salido la noche anterior rumbo a Europa. «Resulta difícil creer que hubieran llegado con vida», dije en mi crónica para el *Telediario* de la noche, presentado por Carlos Franganillo.

Pasadas las cinco de la tarde, todos estábamos a bordo del Open Arms. En mi *in situ* de cierre de la pieza, salía con el rostro aún empapado en sudor y enrojecido por el sol y el calor, en la cubierta de popa, donde algunos de los rescatados intentaban descansar y recuperarse, mientras otros contemplaban el mar desde un lugar por fin seguro. Acabé aquella

55

salidilla con una frase que, de una forma u otra, acabaría repitiendo como un mantra muchos más días de lo que hubiera podido imaginar: «Ahora falta que las autoridades asignen un puerto seguro de desembarco».

A continuación de nuestra crónica, se emitía otra que habían hecho desde Madrid sobre el rescate que el día anterior había efectuado otro buque humanitario, el Alan Kurdi, a 30 millas de Libia. Mi compañera María Moreno recordaba que había salvado a niños como el que daba nombre al barco y cuyo naufragio golpeó la conciencia de la Unión Europea. En total el Alan Kurdi había rescatado a 40 personas, incluidas familias enteras e incluso una mascota, una cacatúa ninfa. Aquel día Matteo Salvini volvía a advertir: los puertos italianos estaban cerrados y si algún buque humanitario entraba en sus aguas territoriales, pese a su prohibición, tomarían el barco.

Ajenas a esas políticas migratorias, las personas rescatadas por el Open Arms aquella tarde del 1 de agosto sonreían como muestra de alivio al subir a bordo del buque. Lo primero que hacían los voluntarios era tomarles los datos: nombre, origen y edad. Les asignaban un número en un listado y los identificaban con un brazalete. Casi al mismo tiempo, les daban una botella de agua y una barrita energética, para ayudarles a recuperar fuerzas. Algunos de los rescatados se guiaban por la orientación del sol y se arrodillaban a rezar para dar gracias a su dios, Alá, de que aquella nave hubiera llegado a tiempo. Otros, los más expresivos, lo celebraban abrazándose entre ellos. Nosotros aún no sabíamos nada de todo lo que habían dejado atrás, pero se intuía la gravedad de sus vivencias por cómo agradecían sentirse a salvo.

Yo también sentí alivio cuando el archivo informático en el que enviamos nuestra crónica llegó a Madrid, minutos antes de su emisión. Nada más finalizar la grabación del rescate teníamos que volcar todo el material en el ordenador de edición, visionar y seleccionar las imágenes, redactar con mi voz en *off*, grabarla y montar la pieza. Todo lo hacíamos desde el puente de mando, menos grabar mi locución. En el barco no había ningún lugar silencioso, ajeno al rugido del motor, así que decidimos grabarla en nuestro camarote, a puerta cerrada, como un mal menor. Cada vez teníamos que bajar los dos pisos de empinadas escaleras con el ordenador y la cámara, para volver a subirlos, pasar el archivo de voz al PC y ponernos manos a la obra con el montaje, que solíamos hacer entre los dos. Al acabarlo, Joaquín convertía el archivo y lo enviábamos por FTP a través de la wifi del barco. Aquella noche llegamos por los pelos, pero llegamos.

Había sido un día intenso y, al parar para cenar, empezamos a asimilar lo que suponía aquel rescate. Con aquellos 55 náufragos a bordo, nuestra situación había cambiado por completo, tanto desde la perspectiva humana como desde la periodística. Se abría un período de incertidumbre. Ni las autoridades libias, ni las italianas ni las maltesas habían respondido a la petición de asignación de un puerto seguro para el desembarco de las personas rescatadas, como establecía la normativa marítima e internacional. Las libias no solían contestar, pero había que esperar a la respuesta de las europeas. Solo habían pasado unas horas, así que no había que darlo por perdido. Sabíamos que nuestra situación se podía complicar. Aún ignorábamos cuánto. Aquello no había hecho más que empezar.

6

Nuestros invitados

$\mathcal{A}$penas habíamos terminado de cenar cuando nos dijeron que nos teníamos que preparar para salir con las RIB. No dábamos crédito. Acababa de llegar otro aviso de embarcación en peligro. Y de nuevo, el Open Arms era la nave más cercana.

Corrimos al camarote a coger el chaleco salvavidas y el casco, y acudimos al lugar de encuentro, en la cubierta de la primera planta, entre las dos lanchas. Esta vez Ani nos insistió en que lleváramos el frontal con luz roja y que comprobáramos que nuestro casco llevaba adherido el piloto luminoso que habíamos sujetado con bridas unos días antes, al preparar nuestro equipamiento. Por la noche tan importante es ver como que te vean.

Como había ocurrido por la tarde, el primer equipo en salir fue el de la RIB número 1, pilotada por Mauro, con mayor experiencia en rescates. Joaquín se marchó con ellos en torno a las once de la noche. Yo partí minutos después en la segunda lancha.

La primera sensación cuando nuestra RIB se empezó a alejar del Open Arms fue de cierto temor. Parecía que la oscuridad de la noche nos fuera a engullir. No se veía nada: había luna nueva. Por suerte, la mar estaba en calma y la temperatura era agradable. Teníamos que navegar despacio. Llevábamos luces de corto alcance y si íbamos demasiado deprisa, nuestra lancha podía llevarse la embarcación por delante o generar un oleaje que la desestabilizara y la hiciera naufragar. Majo y Héctor probaron a intercambiar la luz de la lancha con una linterna manual de largo alcance; pero como ocurre si enciendes las luces largas de un coche en medio de la niebla, en aquella noche cerrada ninguna iluminación daba sensación de seguridad para acelerar la marcha. Navegar sin paisaje, sin poder ver más allá, generaba una atmósfera onírica, irreal.

Cuando nos aproximábamos a las coordenadas señaladas, divisamos a lo lejos varios fuegos ardiendo. Era una plataforma petrolífera libia. Aquellas llamas eran la única señal luminosa que se veía en millas de navegación. Por eso, muchas pateras, que solían emprender la travesía por la noche, ponían rumbo a esa zona. Poco después, vimos la luz verde de una embarcación: era la otra RIB del Open Arms. Al parecer, había perdido la conexión de radio con el buque, pero sí lograba comunicarse con nuestra RIB, así que Majo iba hablando con Mauro y reportando al capitán la situación de las dos lanchas. La primera había llegado hasta el punto exacto indicado en el aviso de emergencia, pero no había dado con ninguna embarcación. No era fácil.

Inconscientemente, la negrura de la noche me hacía aferrarme con mayor fuerza a la lancha rápida. Debíamos de llevar cerca de dos horas de búsqueda y empecé a notar mis músculos algo entumecidos. En la RIB llevábamos una botella de agua y los socorristas solían coger algo de comida porque sabían que aquellas operaciones se podían alargar en el tiempo. De repente, Majo se dio cuenta de que uno de los dos motores de nuestra lancha no funcionaba. Sin perder la calma, lo comunicó al capitán e hizo las comprobaciones que Marc le indicó. Después de varios minutos, el capitán ordenó que nuestra RIB regresara al Open Arms: en realidad, para funcionar solo necesitaba un motor, pero si ese sufría cualquier tipo de avería, nos quedaríamos a la deriva y tendrían que venir a socorrernos.

Los cuatro ocupantes de la lancha sentimos algo parecido a la frustración: nos teníamos que retirar sin cumplir con la misión. La otra RIB seguiría buscando; pero para cualquier operación de salvamento era mucho mejor poder contar con las dos, especialmente en una noche tan cerrada como aquella. Por el tiempo que tardamos en llegar al buque, me di cuenta de lo que nos habíamos alejado. Cuando el brazo mecánico subió nuestra lancha al Open Arms y descendimos a cubierta, vi que las personas rescatadas dormían ya entre mantas. No había colchonetas ni ninguna superficie mullida, pero supongo que pudo más el agotamiento de la noche anterior sin dormir en aquella barquichuela atestada de gente.

La tripulación no sabía el tiempo que podía llevar reparar aquel motor, así que me recomendaron que me fuera a descansar. Ya eran casi las dos de la madrugada y sabía que, después de aquella larga jornada, me esperaba otra no menos intensa de trabajo, en la que tendría que empezar a bucear en las historias de las personas rescatadas que llevábamos a bordo, 55 de momento.

Necesitaba una ducha de manera urgente, para deshacerme de aquel sudor pegajoso y para bajar revoluciones, después de aquel día de emociones fuertes. Hay pocos reconstituyentes más efectivos que una ducha de agua caliente. Por suerte, el barco contaba con tres inodoros y tres duchas en la planta inferior, que resultaban suficientes para los voluntarios y para nosotros.

Después de la ducha, me planteé esperar a que Joaquín regresara, pero decidí ser práctica: si finalmente había un nuevo rescate, tendríamos mucho que hacer a la mañana siguiente, así que lo mejor era meterme en la cama cuanto antes. Aun así, no logré conciliar el sueño hasta las tres de la madrugada.

Tres horas después sonaba la alarma de mi móvil para empezar mi turno de guardia. Al bajar de la litera, vi que Joaquín dormía profundamente y no quise despertarlo. Como yo solo lograba dormir con tapones en los oídos, no sabía a qué hora había llegado. Subí al puente de mando y Erri, amablemente, me dijo: «Olvídate de la guardia y vete a dormir». Me contó que el segundo rescate había terminado hacía solo un rato. Con una sonrisa y con la certeza de saber lo que nos esperaba, le di las gracias y me volví a dormir.

En menos de tres horas me volvió a sonar el despertador. Al levantarme, me contaron que la operación de salvamento había terminado minutos antes de las seis de la mañana. Joaquín lo había grabado todo: se pasó más de seis horas en la lancha rápida junto al equipo de socorristas. Tardaron unas cuatro en dar con la embarcación en peligro, una neumática de color azul, con 69 personas a bordo.

Le pedí a Joaquín que me diera algunos detalles de cómo se había desarrollado el rescate. Debido al gran número de personas que se amontonaban en la embarcación, finalmente había tenido que acudir también la segunda RIB; pero al ver que yo dormía y que Joaquín ya lo estaba grabando todo, el equipo al que solía acompañar prefirió no despertarme. Después de evaluar la situación, decidieron que era necesaria la evacuación de las 69 personas. Empezaron, como solían hacer, por las mujeres. Entre ellas, había esta vez dos embarazadas en avanzado estado de gestación. En las imágenes grabadas se percibía el enorme esfuerzo que habían tenido que hacer para pasarlas sanas y salvas a la RIB primero y al buque después.

Ese día, el Open Arms entraba en el sumario de inicio del *Telediario* con la noticia de su segundo rescate en menos de 24 horas y 124 personas migrantes y refugiadas a bordo. El esfuerzo de Joaquín no había sido en vano: el informativo destacaba que las imágenes eran una exclusiva de TVE, algo de poca importancia para el público en general, pero que a quienes nos corre el periodismo por las venas nos hace sentir una especie de orgullo (o quizás cierta vanidad). En ese momento sabemos que sin nuestro trabajo, esas imágenes, esa historia, no habrían llegado a la gente. Nos reconforta sentir que estamos donde debemos estar y lo vemos no como un mérito, sino como un

61

deber, sobre todo quienes concebimos la información como un servicio público necesario para una sociedad democrática.

En cuanto acabé de hablar con Joaquín, salí a la cubierta de popa, mucho más poblada que la tarde anterior. Saludé a varias de las nuevas personas rescatadas y me presenté como la periodista de la televisión pública de España. Al no haber estado presente en el segundo rescate, quería familiarizarme con ellos. Aunque aquella mañana no tenía mucho tiempo. Sabía que no podíamos poner en riesgo la llegada de las imágenes para el *Telediario* de las tres de la tarde.

Las mujeres, que eran minoría en la cubierta, estaban parcialmente separadas por una lona, extendida a modo de cortina, para que pudieran preservar mejor su intimidad, si así lo deseaban.

Le pregunté al médico por el estado de las dos embarazadas. Iñas, con la ayuda de Varinia, las había examinado y observado con un ecógrafo. Me confirmó que los dos fetos tenían latido y movimiento. De momento, estaban bien, pero cualquiera de las dos se podía poner de parto en cualquier instante, más aún con las situaciones de estrés que habían vivido.

Ese día Radio Nacional de España también me pidió que entrara en su boletín informativo de las 14:00 horas. No era fácil, porque justo en ese momento teníamos que estar acabando la crónica para enviarla, pero sabía que aquella era una noticia importante y pude llegar a tiempo.

«La tierra más cercana al lugar del rescate está a 130 kilómetros: es Libia, un estado fallido en guerra», decía sobre las imágenes del rescate nocturno en nuestra crónica del *Telediario*. El capitán y la jefa de misión del Open Arms sostenían que el rescate se había hecho en la zona SAR de Malta y así se lo indicaban en varios *e-mails* al Centro de Coordinación de Salvamento Marítimo (MRCC) maltés. El MRCC de Malta contestaba la tarde del 2 de agosto en un correo electrónico en el que sostenía que, según las fuentes consultadas y teniendo en cuenta la velocidad de la lancha rápida y las últimas coordenadas indicadas de su posición, la operación de salvamento se tenía que haber producido fuera de su zona de búsqueda y rescate. En el último párrafo pedía al buque humanitario que contactara con el MRCC que fuera la autoridad competente o con el centro de coordinación de su bandera, que era la española.

Antes de la contestación maltesa, de Italia no había llegado un *e-mail*, pero sí una amenaza pública de su Gobierno: Salvini advertía que si el Open Arms entraba en sus aguas sin permiso recibiría una multa de 50.000 euros. Su declaración aparecía en el *Telediario* pegada a nuestra crónica. A continuación, la presentadora, Ana Blanco, añadía otra información: «Mientras tanto, siguen llegando a las playas libias cadáveres del último naufragio…». El mar ya había escupido 75 cuerpos sin vida y había otros 75 desaparecidos, que quizás el Mediterráneo se había tragado para siempre. La segunda cifra se conocía por los testimonios de los supervivientes. ¡Cuántos naufragios habrá habido sin testigos! ¡Cuántas muertes que no forman parte de las estadísticas!

A bordo, con nosotros, viajaban 124 personas que podrían haber corrido la misma suerte si el buque humanitario no se hubiera cruzado en su camino. Recuerdo que Marc me dijo: «Yo no los llamo migrantes ni refugiados. Para mí, como capitán, ellos son nuestros invitados». Me llamó la atención aquella denominación, difícil de aplicar en el lenguaje periodístico. En mis crónicas opté por llamarlos la mayoría de veces «personas rescatadas», porque era lo que marcaba su situación en esos momentos y aún no conocía si se trataba solo de migrantes o tenían derecho al asilo, lo que los convertía en refugiados. De lo que no tenía dudas era de que, definitivamente, aquellas 124 personas habían vuelto a nacer.

7

124 historias de dolor

*L*o único que sabía hasta el momento de ellas es que todas procedían del mismo continente. Para muchos de los que nos dedicamos al periodismo internacional, la verdadera África empieza más abajo del desierto del Sáhara, lo que llamamos el África negra. De allí provenía la mayoría de los rescatados: había muchos etíopes y sudaneses, pero también de otros países como Ghana, Eritrea, Nigeria, Costa de Marfil o Guinea-Conakry. De lo que llamamos Oriente Próximo, aunque geográficamente también sea parte de África, había unos cuantos egipcios.

Mi dominio del francés y del inglés me permitía hablar con bastantes personas, pero pronto me di cuenta de que muchas de ellas hablaban árabe. En aquel momento, había finalizado el cuarto curso de árabe moderno en la Casa Árabe, en Madrid. Era la espinita que se me había quedado clavada de mi época de corresponsal: no haber tenido tiempo ni horarios estables para estudiar aquel idioma que hablaban en los países de la zona más caliente del planeta. Por desgracia, cuarto de árabe no equivalía en absoluto al uso que podía hacer del francés o el inglés cuando llevaba cuatro años estudiando esos idiomas, sino a lo que en el aprendizaje de lenguas extranjeras se llama A2. Se trataba de un nivel básico que me permitía hacer preguntas sencillas, como ¿de dónde eres?, ¿qué edad tienes?, ¿qué ocurrió? o ¿está tu familia aquí contigo? En árabe podía presentarme como periodista de la Televisión Española, decirles que no se preocuparan, que estaban a salvo y que solo hablaba un poco de su idioma.

Siempre me ha sorprendido lo bien que te reciben en el mundo árabe cuando haces el esfuerzo de hablar su lengua, por bajo que sea tu nivel. La gran dificultad de ese idioma no reside tanto en aprender a hablarlo como en entenderlo, ya que la gran mayoría de la población árabe habla un dialecto u otro y, aunque suelen entender el estándar, que se utiliza por ejemplo en los medios de comunicación, no todos son capaces de hablarlo.

Con esos mimbres, esa tarde empecé a acercarme con más calma a varias de las personas rescatadas para saber qué habían vivido hasta llegar allí. Nada más salir a la cubierta desde el interior del buque, me topaba con las mujeres. Mis ojos y mi ternura se fijaron en la única niña que había en aquella cubierta. Estaba pintando una casa y un árbol con los rotuladores y los folios que le habían proporcionado los voluntarios. Me dirigí a ella en inglés. Esbozó una sonrisa enorme y llena de luz, como sus ojos. No me entendía y me dijo en su lengua: «*bi al arabiya*», es decir, «en árabe». Creo que el hecho de que fuera una niña me ayudó a soltarme en su idioma, a pesar de mi falta de fluidez. Supe que se llamaba Islam y que era de Sudán. Aún no sabía que aquella niña de doce años se convertiría en mi mayor alegría y esperanza a bordo de aquel barco.

Islam había huido con su madre, su abuela y sus dos tías. Tres generaciones, toda una familia, se habían echado al mar en aquella embarcación con la que parecía imposible arribar a otro continente. Saludé a Safaa, su madre, pero pronto me di cuenta de que aunque se esforzaba en hablar despacio un árabe impecable, tratando de que la entendiera, yo no era capaz de seguir el hilo de lo que me quería contar. Y necesitaba conocer su historia con rigor y precisión. Le pregunté si la podía entrevistar y asintió.

65

Busqué ayuda en la cubierta y, afortunadamente, se ofreció a traducirme Mohammed, un chadiano que hablaba perfectamente francés y algo de inglés. Mi traductor era opositor en la dictadura de Idriss Déby y había huido a Francia, pero allí no le habían dado refugio y la policía francesa lo había deportado. Decía que si le hacían volver, no lo contaría.

Mohammed me traducía del árabe al francés. A través de él, Safaa me contó que habían llegado a Libia desde Darfur, en Sudán, hacía un año. Con una mirada que transmitía una tristeza infinita, Safaa empezó a narrarme las calamidades que habían atravesado: «Hemos pasado nueve meses en el centro de detención de Bani Walid. Allí han abusado de nosotras y a mi hija la golpearon en la cabeza».

Mientras Safaa trataba de resumir en pocas palabras un dolor que yo no alcanzaba ni a imaginar, su madre, en silencio, se mordía los labios. Le pregunté a la abuela si podía narrarme lo que había vivido en Libia. Se echó las manos a la cabeza y nos dijo que había sido tan difícil que era incapaz de verbalizarlo. Respeté su silencio. Le tomé la mano y le di las gracias. Un periodista siempre tiene que saber hasta dónde preguntar y cuándo es el momento de acabar la entrevista. No tardaría mucho en descubrir el infierno del que venían aquellas mujeres sudanesas.

Libia era una especie de agujero negro del que salía muy poca información. Organizaciones de derechos humanos habían denunciado en varios informes maltratos, vejaciones y todo tipo de abusos en los centros de detención libios en los que se hacinaban miles de migrantes, en su mayoría, subsaharianos. La inmigración irregular es un delito en ese país. No hablé en el Open Arms con nadie que no hubiera pasado por una de aquellas inhabitables prisiones.

Me dirigí después a hablar con los hombres, que eran mayoría numérica en aquella cubierta. Intentaba encontrar entre aquella multitud las primeras historias que pudieran ayudar a los telespectadores a hacerse una idea de qué había llevado a todas aquellas personas hasta allí. Creo en el periodismo humano. Pienso que es nuestra función acercar historias que en un principio pueden parecer lejanas, pero que en cualquier momento nos podrían suceder a cualquiera de nosotros. La mayoría de las guerras o dictaduras llegan sin previo aviso. Me conformo si con mi trabajo consigo generar algo de empatía en quien está frente al televisor y en su sillón o sofá se desacomoda un poco al sentir que hay personas en el mundo que lo están pasando verdaderamente mal y por las que seguramente se puede hacer algo, aunque no sea de forma directa.

Siempre he pensado que el compromiso de una persona con la sociedad o con el mundo empieza por estar bien informado. El nivel de implicación es una opción personal que depende de cada cual, pero nunca llegaremos a pelear por ninguna causa o contribuir a mejorar nuestra sociedad si no somos conscientes de lo que está pasando realmente, aunque sea más allá de nuestras fronteras. Me resulta curioso y en cierto modo penoso que en un mundo globalizado, en el que lo que sucede en China o Estados Unidos puede afectar de forma importante a nuestra economía, nuestro empleo o nuestras vidas —como ha demostrado la crisis del coronavirus—, las grandes corporaciones mediáticas estén apostando más por la información local y nacional que por la internacional. El periodismo de nuestro país atraviesa un momento de miopía.

En busca de aquellas historias que cumplieran con la misión de aproximar su continente y el nuestro, mis ojos escrutaron toda la cubierta y pronto se fijaron en un hombre joven que llevaba los pies vendados. Estaba sentado en una base cuadrada de hierro que había en medio de la cubierta, con las piernas sobre una barra y los pies colgando. Él mismo me dijo: «*Bonjour*». Y me alegré de poder entablar conversación directamente con él en francés, sin necesidad de un traductor. Me dijo que se llamaba Issiaga y que era de Guinea-Conakry. Cuando le

67

pregunté, micrófono en mano, ante la cámara, que me contara qué le había sucedido en los pies, me contestó: «Intenté migrar a Europa, pero de repente los guardacostas libios nos rescataron y nos metieron en el centro de detención. Allí me dispararon dos balas en los pies». No era la primera vez que intentaba huir de Libia hacia Europa. Me contó que en aquellos centros los maltrataban de muchas formas y que por nada del mundo quería regresar allí.

Me sorprendía cómo eran capaces de contar tantas atrocidades desde el primer momento, sin más preámbulo que una breve presentación mutua, una conversación que podía durar apenas unos minutos.

Hasta entonces las entrevistas más difíciles que había hecho en mi vida habían sido para *En Portada* y habían requerido mucho tiempo previo y mucha preparación. Las dos más duras habían sido, ahora me doy cuenta de la coincidencia, a dos iraquíes: Nadia Murad, una joven yazidí del Kurdistán que había sido secuestrada por el Dáesh y convertida en esclava sexual, y Ali AlQaisi, un profesor detenido por el ejército estadounidense en la invasión de Irak y que había sido torturado en la prisión de Abu Ghraib. Con ellos pasé días para ganarme su confianza y llegar solo hasta donde su dolor permitiera indagar. Sin embargo, a bordo del Open Arms, alguien me contaba experiencias de extrema dureza sin conocerme y en apenas un minuto.

Issiaga había pasado dos años de pesadilla en Libia. Le pregunté si estaba dispuesto a darme más detalles de todo lo que había vivido allí y, al asentir, lo emplacé a hacerle una entrevista en profundidad más adelante. Él me daría claves fundamentales para entender cómo funcionaban las mafias y cómo se beneficiaban del tráfico de personas hasta las propias autoridades libias.

Con mucha educación y un inglés de marcado acento africano, se dirigió a mí un hombre con el pelo cano. Me espetó:

«Señora, yo le puedo contar lo que pasa en Libia en pleno siglo XXI. A nosotros nos venden». Se presentó como Mr. Godwin, era de Nigeria y, por su aspecto, me costó creer que solo tuviera treinta y cinco años. Era militar y había combatido para librar a su país de la violencia de Boko Haram, pero en un atentado del grupo terrorista Godwin resultó herido y, al ver que el Ejército nigeriano no quería hacerse cargo de las curas que necesitaba para recuperarse, decidió desertar. Por eso quería pedir asilo en Europa.

Cuando Godwin huyó a Libia, se encontró con un auténtico calvario que duró un año y nueve meses: «Trabajas en Libia y no te pagan. Ya puedes estar contento si no te venden. Porque mientras te estoy hablando, en Libia todavía existe el comercio de esclavos». Fue el primero en corroborar algo que sospechaba: en Libia todas las vidas tenían un precio. Días más tarde, él me explicaría con datos y todo lujo de detalles cómo funcionaba el comercio de esclavos en Libia. En pleno siglo XXI.

Con su porte serio y sus dotes de mando, que supongo había heredado de su paso por el ejército, Godwin se convirtió en uno de los líderes de aquel grupo de migrantes y refugiados. Supongo que su apariencia de mayor edad también contribuyó a que lo respetaran y que muchos de sus compatriotas siguieran sus consejos.

Me hubiera quedado horas allí escuchando los impactantes testimonios que cada persona rescatada me ofrecía; pero esa tarde no disponía de más tiempo. Los equipos de televisión trabajamos siempre contra reloj y, además de la crónica para el *Telediario* de la noche, aquella tarde me había comprometido a intervenir en el programa de RNE *Cinco continentes*, especializado en información internacional.

Cuando me disponía a abandonar la cubierta para hacer la crónica, alguien me tomó la mano. Me giré y era Islam, la niña sudanesa. Me sonrió con su dentadura blanca y perfecta, me entregó un papel y me dijo en árabe: «Para ti». Era el dibujo que había estado pintando. En el centro había una casa muy sencilla de color rosa, a modo de choza, sin ventanas. Al lado se erguía un árbol de poderosas raíces y unos animalitos que se dirigían hacia la casa. En aquel cielo coincidían el sol y las estrellas. Supongo que eran los elementos que mejor describían el paisaje de su lugar de origen. O quizás expresaba en aquel dibujo su anhelo de un lugar que pudiera llamar hogar, en el que sentirse segura y poder echar raíces. En el tejado de la casa había pegado un adhesivo con un emoticono de carita sonriente. Aún atesoro aquel dibujo. Las cosas que tienen más valor suelen ser las de menor precio.

En la crónica del *Telediario* de aquella noche del 2 de agosto se veía a Islam pintando otro dibujo: también tenía una casa en el centro con un árbol de sólida base al lado. En mi locución, dije una frase: «Detrás de estas 124 personas rescatadas, hay 124 historias de dolor». Lo que había descubierto hasta el momento era solo la punta del iceberg de un sufrimiento indescriptible.

Después de cenar entré en nuestra web de noticias RTVE.es, que había creado con esmero un apartado para el seguimiento informativo de aquella misión titulado «SOS. A bordo del Open Arms» (http://www.rtve.es/noticias/barco-open-arms/) y en el que todavía se conservan casi todas las crónicas de aquella travesía. Pero aquella noche no hizo falta entrar a ese apartado. Esas historias de dolor abrían la portada del sitio web. Me reconfortó sentir que aquellas voces estaban siendo escuchadas… especialmente entre todo el ruido que había en Internet en torno al Open Arms.

Las redes sociales ardían desde el primer rescate. La ONG arrastraba en su cuenta de Twitter a más de cien mil seguidores, pero también a troles furibundos que los acusaban de «traficantes», «negreros» y otras barbaridades que prefiero no reproducir. Algunos de esos mensajes también arremetían contra mí e intentaban empañar nuestro trabajo, pero eran los menos. Desde el principio de la misión recibí muchos más mensajes de apoyo y de felicitación por la labor periodística que estábamos haciendo Joaquín y yo. A modo de ejemplo, rescato uno que recibí aquella misma noche, después de que se emitiera la crónica, escrito por Joan Miquel Morales, un estudiante de Medicina a quien no conocía: «Enorme trabajo el que está haciendo @telediario_tve y su enviada especial en el Open Arms. Casi llorando al escuchar hablar del comercio de esclavos en Libia, a escasos kilómetros de suelo europeo, mientras todos miramos a otro sitio». Sin duda, nuestra crónica había contribuido a humanizar a los migrantes y refugiados rescatados en medio de aquella campaña antimigratoria abanderada por la ultraderecha y sus acólitos.

Esa noche, Joaquín y yo nos llevamos otra pequeña alegría: el capitán nos anunció que no teníamos que hacer la guardia de la mañana siguiente. No me fui a dormir hasta la medianoche, pensando que tendría unas ocho horas para reponerme de aquel par de jornadas agotadoras. No conté con el hecho de que en aquel barco, con 124 personas más a bordo, cualquier cosa podía pasar en el momento menos pensado, incluso en medio de la noche.

8

Ellas se llevan la peor parte

A eso de las dos y media de la madrugada, nos desperta- ron unos golpes en la puerta de nuestro camarote. Había una evacuación de emergencia. Mi compañero cogió la cámara y salió disparado. Yo me vestí a toda prisa, agarré el micrófono y salí tras él.

En la cubierta de popa nadie dormía. Había un enorme revuelo. Los socorristas preparaban una camilla. La Guardia Costera italiana estaba al caer. Iba a evacuar de urgencia a las dos mujeres embarazadas. A todos nos había llamado la aten- ción el vientre deforme que tenía una de ellas. Hablé con el médico a bordo. Iñas me explicó que ya estaba de nueve me- ses y que la hernia que sobresalía en su tripa se debía a que el bebé venía atravesado. Colocado así, era más que probable que el parto se complicara y precisara una cesárea. El Open Arms no disponía de quirófano ni de los utensilios necesarios para practicarla.

A pesar de que aquella necesidad podía surgir en cualquier momento, la mujer estaba sentada con semblante tranquilo y la mirada perdida sobre la única silla de plástico que había en la cubierta, tapada con una manta roja. Al mirarla, pensé que ni sería su primer parto ni lo peor que le había ocurrido en su vida. No me equivocaba.

«Llegar hasta aquí con vida les parece casi un milagro». Así arrancaría nuestra crónica, con la que abriría el *Telediario* de la primera edición del fin de semana. Esa frase resumía el primer sentimiento de Jennifer, aquella nigeriana de treinta y tres años que se expresaba con la calma de una africana curtida y curada de espantos: «Hemos pasado tres días en el agua, sin comida, sin nada, en medio del mar. Rezábamos antes de que llegarais a rescatarnos».

No podía ni imaginar lo angustiosos que se habrían hecho para una mujer a punto de dar a luz aquellos días y noches con otras 68 personas amontonadas en aquella barca neumática. Quise saber qué situación la había empujado a subirse a ella en su estado. Como quien cuenta que acaba de comprar el pan, Jennifer me confesó que su marido la había abandonado en Nigeria con cuatro hijos, a los que dejó en su país a cargo de su familia. Aquel bebé que no lograba encontrar la posición para un parto natural sería su quinto hijo.

Le pedí que me explicara qué había vivido en Libia. Empezó por resumir los dos años que había pasado allí con dos palabras: dolor y sufrimiento. Y añadió: «¿Qué pasó? En un año no pude llamar a mi familia. No pude saber de mis hijos, porque en aquel país es muy difícil. No hay libertad, no tienes libertad de expresión. Nos tratan como si no fuéramos seres humanos». A ese trato inhumano se referirían con expresiones similares muchas de las personas rescatadas por el Open Arms. Suspiró y se calló, como si no estuviera dispuesta a revivir con su relato aquella humillación.

Jennifer no era la única que había arriesgado su vida y la de su bebé, con la esperanza de que él no tuviera que pasar por lo mismo que ella. Sentada en un banco de madera y cubierta con una manta gris, había otra mujer embarazada que parecía mucho más joven. Su piel era mucho más oscura y el dolor aún se leía en sus ojos. Marie Yvette Sako era de Costa de Marfil y tenía veintiún años. Hablaba muy bajito y despacio, como si cada palabra le hiciera daño al pronunciarla: «Éramos un grupo de cinco chicas. Un árabe nos atacó y nos secuestró, nos metió en su casa. Nos violó a todas. Nos violaba cuando quería y nos amenazaba de muerte. Pero finalmente logramos escapar».

La joven marfileña me contó que después pasaron cuatro meses en un centro de detención. Allí sufrieron tanto que llegaron a firmar los papeles de deportación a otro país. Marie Yvette no pudo continuar con el relato. De sus ojos empezaron a brotar lágrimas que auguraban un dolor más profundo. Se secó el rostro con la manta primero y con los dedos después. Con el alma hecha añicos, me contó que al padre del hijo que llevaba en su vientre lo habían matado el mes anterior cuando intentaba huir del bombardeo al centro de detención de Tajoura, en Trípoli. «En la prisión hubo una explosión, él intentó huir y lo mataron», dijo antes de derrumbarse.

74   Sentada junto a ella había una chica que parecía aún más joven y que me interpeló: «Ya no tenemos a nadie más. Ella no puede estar sola, soy su hermana y me gustaría ir con ella, porque ya está de nueve meses». Me dijo que se llamaba Élodie Sako. Me sorprendió que no tuvieran muchos rasgos en común, pero no había forma de comprobar si las unía algún parentesco. A la ONG también le resultó extraño y tuvo que hacer nuevos trámites, porque en el primer registro, al llegar al Open Arms, ninguna de las dos había dicho tener familia a bordo. Sus relatos eran coincidentes y Élodie confirmaba una idea que parecía cada vez más innegable: «Libia no es un país para vivir, esa es la razón por la que intentamos huir a otro país».

Apenas acabamos aquella entrevista, entre las tres y las cuatro de la madrugada, la Guardia Costera italiana llegaba desde Lampedusa con un equipo médico. Lo primero que hicieron fue hablar con Iñas, que les hizo un informe verbal de la situación de las dos embarazadas. Recuerdo que el doctor italiano se acercó a Jennifer y la palpó en medio de la multitud, sin ni siquiera procurarle algo de intimidad. Me pareció un trato indecente e indignante. Luego la ataron a la camilla. El oleaje no dejaba de mover la lancha de los guardacostas y tuvieron que coordinar muy bien entre varias personas su traslado del buque a la RIB. Marie Yvette pasó por su propio pie, sujetada por varias manos. Detrás de ella marchó Élodie. Días después, desde el Open Arms supimos que no eran hermanas. Élodie improvisó aquel plan como la forma más rápida de llegar a tierra. Sí, nos había mentido a todos. Nuestras sospechas eran ciertas. Pero en aquellas circunstancias, ¿quién podía culparla de aquel engaño?

Cuando me metí en la cama eran ya las cinco de la mañana. Aun así, tardé casi una hora en conciliar el sueño de nuevo. Logré dormir hasta las nueve. Sabía que ya teníamos material suficiente para la crónica de ese día con la evacuación de las mujeres embarazadas. En ese momento no imaginábamos la cantidad de evacuaciones de emergencia que serían necesarias durante aquella misión.

En cuanto tuvimos la pieza enviada, me fui a la cubierta y decidí centrarme en la situación de las mujeres. No dudaba de que aquellos hombres y jóvenes habían sufrido, pero tampoco de que, con la violencia sexual, ellas se habían llevado la peor parte.

Aún tengo clavadas las lágrimas de Rabiya, la madre de los dos bebés gemelos de nueve meses. La primera pregunta era inevitable: ¿qué lleva a una madre a embarcarse de una forma tan peligrosa, a arriesgar así su vida y la de sus bebés? Para entender su respuesta, tenía que esperar a la traducción de Mohammed, que no era fácil, porque Rabiya era etíope y hablaba en el árabe roto que había aprendido oralmente en Libia. «Cogimos el barco porque en Libia no hay seguridad. Allí no teníamos electricidad ni agua. Huimos buscando un futuro para mis hijos», me respondió.

75

Le pedí a Mohammed que fuera cauteloso al plantearle la siguiente pregunta, teniendo en cuenta los testimonios femeninos que ya había escuchado. Sabía que resultaba aún más difícil confesarme algo así a través de un hombre, pero no encontré a ninguna mujer que fuera capaz de traducirme al francés o al inglés. Rabiya tenía a uno de los gemelos durmiendo a su lado. No sé si era Mussa o Issa, nunca llegaba a distinguirlos. Le preguntamos cuánto tiempo había pasado en Libia y si, como mujer, había sufrido algún tipo de abuso allí. Tardó en contestar. No sé si buscaba las palabras o el valor para no derrumbarse. Se giró hacia el bebé, que dormía plácidamente sobre una manta, bajó la cabeza y la mirada. Con un hilo de voz, nos contó: «En Libia he pasado dos años en prisión. Allí me han pegado, me han maltratado y han abusado de mí». De sus ojos cayeron unos lagrimones que contaban más que sus labios. No hacía falta más detalles ni explicación alguna para hacerse una idea del sufrimiento inhumano durante aquellos dos años de pesadilla. Rabiya tenía solo veinte años y un bello rostro. La acompañaba un joven de Eritrea que se presentó como el padre de sus hijos. Sobre la paternidad biológica, yo tenía mis dudas. Aunque él también era guapo, los bebés tenían la piel mucho más clara y ningún rasgo en común. Pero eso era lo de menos: él cuidaba de aquellos pequeños como si le fuera la vida en ello. La pareja derramaba dulzura en cada gesto. Bastaba mirarlos a ellos y a esos bebés para recuperar la fe en la humanidad que se iba perdiendo cada día que pasábamos sin poder desembarcar.

Una de las primeras chicas con las que hablé era Amina, una nigeriana de veinte años que siempre me saludaba con una amplia sonrisa y un «*How are you?*», «cómo estás» en inglés. Amina es la chica que aparece en la foto de la portada. Las facciones de su rostro eran hermosas y sobre su piel oscura, en las mejillas, tenía unas grandes cicatrices. Nunca supe si eran marcas tribales o la huella del maltrato. Cuando le preguntaba por sus vivencias en Libia, su enorme sonrisa se desvanecía, bajaba la mirada al suelo y me decía, con gesto avergonzado: «No, no, no...». No quería contarlo. Amina había pasado los últimos tres años de su corta vida en Libia, a donde llegó siendo aún menor.

Había en aquella cubierta una menor a la que nunca vi sonreír ni logré que hablara conmigo. Reparé en su semblante serio porque durante el reparto de comida, cuando yo le ofrecía sal o azúcar, ni siquiera abría la boca, me rehuía con su mirada y se servía con sus propias manos, sin expresar más que cierto desdén, como si el resto del mundo le molestara. Solo se dirigió a mí cuando la ONG puso en marcha un intento legal de conseguir el desembarco de los menores y les pidió inscribirse. Tomó mi libreta y anotó tres datos: se llamaba Mikal (no reproduciré el apellido), era de Eritrea y tenía diecisiete años. Ahí descubrí que sabía hablar inglés. Respeté su silencio. Días más tarde, aquella menor abandonaría aquel barco en una evacuación de emergencia por su estado psicológico. Lo sufrido en Libia le había borrado algo más que la sonrisa.

Aquella jornada del 3 de agosto, después de la evacuación nocturna, en la cubierta hubo mareos, algunos vómitos e incluso un desmayo. El bochorno de después del almuerzo resultaba asfixiante y allá donde no llegaba la enorme lona que cubría la popa, el sol abrasaba sin piedad. Yo intentaba beber mucha agua, me ponía la ropa más fresca que tenía, unos pantalones cortos o bermudas y camisetas de tirantes, y andaba todo el día en chanclas, porque cualquier otra vestimenta se me pegaba al cuerpo. Pero las migrantes y refugiadas vestían de una forma mucho más recatada, con los brazos y piernas cubiertas, y muchas musulmanas, también la cabeza. Aquella tarde, no había ni una leve brisa que nos diera tregua.

De repente, una joven empezó a llorar y a gritar. Se rascaba todo el cuerpo con desesperación. Varinia, la enfermera, y otros voluntarios le preguntaron qué le ocurría, pero no la

77

entendían: la chica solo hablaba francés. Me acerqué a ella y la intenté calmar. Entre sollozos y sin dejar de rascarse, me dijo que le picaba la piel de todo el cuerpo, que necesitaba agua fría. Entre varias mujeres la rodeamos con unas telas para proteger su intimidad y le pedimos que se quitara la ropa. Abrimos la manguera de la cubierta y, bajo aquel chorro abundante, se lavó y refrescó todo el cuerpo, frotándose como si quisiera borrar de su piel el sudor y cualquier rastro de humillación. Al acabar, no tenía toalla. Los voluntarios les habían dado una manta para no pasar frío durante la noche, pero no disponían de kits de aseo. Recordé que yo había traído una toalla-pareo grande, que solía utilizar para la ducha, y otra más pequeña y fina, de esas que venden para los viajes, que ocupan poco espacio pero secan bien. Fui corriendo a mi camarote y se la traje. Me dio las gracias y se secó. Le dije que se la quedara, que yo tenía otra. Los voluntarios le dieron un pijama azul marino para que pudiera cambiarse de ropa. La noche en la que por fin desembarcamos, la muchacha llevaba el pelo envuelto en aquella toalla naranja y me dijo, con brillo en sus ojos, que nunca olvidaría aquel gesto.

Después del reparto de comida, el mate al que me invitó Mauro me ayudó a mantener mi mente despierta. Ahora entendía por qué los argentinos y los uruguayos se pasaban todo el tiempo tomando esa hierba amarga. Con los sentidos reavivados (me cuesta encontrar la traducción exacta de *reviscolats*, como diríamos en mi tierra), volví con mi compañero a la cubierta en busca de nuevos testimonios.

Sentada con un aire tranquilo, como quien está de vuelta de todo, había una mujer gruesa de edad adulta. Angèle era camerunesa y aparentaba haber cumplido los cincuenta. Me dejó de piedra cuando me dijo que tenía cuarenta años. Aquella mujer se convirtió en la protagonista de la crónica del Telediario de esa noche, que comenzaba con esta frase: «Para muchas de las personas rescatadas, migrar era la única forma de ponerse a salvo».

Huyendo de un conflicto, Angèle acabó metida en otro peor: «Hay guerra en nuestro país. Huyendo de allí acabé en Libia. Quería huir para ir a Francia, pero nos detuvieron en el agua. Me metieron en prisión. Allí sufrí mucho, me pedían dinero para liberarme», me contó en francés. En Camerún, un país dirigido por un dictador, hay algunos conflictos territoriales y problemas internos que nunca trascienden en la prensa del hemisferio norte. Pero más que la situación de su país de origen, me interesaba lo que estaba sucediendo en Libia, el país al que la prensa apenas tenía acceso y al que la Unión Europea había confiado el salvamento marítimo de aquella enorme zona SAR.

Angèle fue la primera en darme una clave: para salir del centro de detención en el que los metían por ser migrantes irregulares les pedían dinero. No parecía una cuestión de fianza o multa, sino más bien de un soborno. Con sus palabras, aquella camerunesa de piel curtida, nos apelaba directamente a todos los que vivimos en la tranquila Europa: «Hay guerra en Libia, sabéis muy bien que allí hay guerra. Incesantes tiroteos, bombardeos, que no te dejan ni dormir por la noche. Hasta bombardearon la prisión en la que estaba. Muchos de nuestros hermanos murieron allí dentro». Ella era la segunda persona de aquella cubierta que había sido testigo del ataque al centro de detención de Tajoura, en Trípoli, el 3 de julio de 2019, hacía solo un mes.

En efecto, nadie en el mundo dudaba en considerar que Libia es un país en guerra. Y todo el que huye de un lugar en conflicto tiene derecho al asilo; pero Europa, por acción u omisión, se lo estaba negando.

Si hubo una mujer a bordo del Open Arms que se me quedaría clavada en el alma, esa sería Hortensia. Sus heridas la obligaban a estar tumbada en el suelo y su mirada se perdía a menudo entre sus recuerdos y su dolor. Sabía que sufría tanto que no me atreví a romper su intimidad y a entrevistarla hasta un par de días después.

Todas ellas eran mujeres rescatadas, nunca mejor dicho, pero no solo de una muerte segura en el mar; también, de un infierno inimaginable para cualquiera de nosotras. Un simple día de los meses o años que lo sufrieron habría bastado para dejar a cualquier persona traumatizada, deprimida o fuera de sí. Aquellas supervivientes, que afrontaban en silencio y con entereza aquella travesía, nos daban una lección de fortaleza y dignidad.

9

«Un lugar seguro para mi alma»

$\mathcal{H}$oras después de la evacuación de las dos mujeres embarazadas, aquel mismo 3 de agosto, el alcalde Joan Ribó ofrecía la ciudad de Valencia para acoger al Open Arms. Leí sus palabras en el teletipo de la Agencia Efe: «Queremos continuar el camino que empezamos con el Aquarius. Por eso, y conjuntamente con la Generalitat, vamos a solicitar al Gobierno español que abra el puerto de Valencia a este barco».

Sentí cierto orgullo de mi *terreta* por aquella generosidad, pero Ribó no había sido el primero. La víspera, el ofrecimiento había venido por parte del *president* de la Generalitat, Quim Torra, un gesto que muchos interpretaban más en clave política que humanitaria debido al pulso que mantenía con el Gobierno español.

Aquellos ofrecimientos no eran más que una declaración de buenas intenciones: en la práctica, no solucionaban nada. Lo que pedían el Open Arms y los demás barcos humanitarios que se dedicaban al salvamento era que, en cumplimiento de la normativa marítima, las personas rescatadas desembarcaran en el puerto seguro más cercano. En aquel caso, era italiano: la isla de Lampedusa.

Pero el Gobierno italiano había vuelto a advertir: si el buque entraba en sus aguas (territoriales o contiguas), lo multaría con 50.000 euros y dejaría el barco bloqueado en puerto. Frente al ruido mediático de Salvini, el silencio administrativo de la autoridad competente: el Centro de Coordinación de Rescate Marítimo (MRCC) de Italia seguía sin contestar a los correos electrónicos del buque humanitario.

En toda esa comunicación escrita que quedaba registrada con fecha y hora, estaba en copia el MRCC español, ya que el barco tenía bandera española y, en última instancia, debía rendir cuentas de lo que ocurría a su país.

El Open Arms no se la podía jugar, así que navegaba despacio en la zona de búsqueda y rescate de Malta, que no había vuelto a contestar desde su última negativa, sin asumir que el segundo rescate se había producido en su zona SAR, como contábamos en nuestra pieza para el *Telediario*, que esa noche abría con nosotros. Pudimos enviarla a tiempo, sin sobresaltos, mientras disfrutábamos de la puesta de sol desde el puente de mando. También pude enviar una crónica de radio que llegara a tiempo para el informativo de las 20:00 horas de RNE.

Esa noche, para animar a las 121 personas que seguían sin poder desembarcar, los voluntarios pusieron en la cubierta un gran altavoz al que se podía conectar un móvil por *bluetooth*. Así llegó la música a los rescatados del Open Arms. Al son de ritmos africanos, vi bailar con mucha alegría y destreza a Amina y a la joven que había sufrido el ataque de picor y ansiedad. Todos alrededor habían formado una especie de corro, bailaban y daban palmas. Fue la primera vez que sentí que la alegría invadía aquella cubierta de popa.

Aunque era consciente de que las europeas nunca llegaremos a mover las caderas como las africanas, tomé de la mano a la niña sudanesa y la arrastré bailando hasta el interior de aquel círculo improvisado. Al principio se mostró reticente y vergonzosa, pero no tardó ni dos minutos en dejarse llevar y unirse a la fiesta, con la mirada aprobatoria y cómplice de su madre. Durante varios minutos, Islam y yo nos olvidamos de que es-

82

tábamos en un barco y de lo que nos había llevado hasta allí. Su risa y su alegría sinceras lo podían todo. Islam llevaba una camiseta naranja del Barça que le habían regalado los del Open Arms; aunque ella me confesó al día siguiente que era del Real Madrid. Aquel baile fue catártico: al ritmo de la música, soltamos parte de la adrenalina y del cansancio de aquellos días tan intensos. Inmortalicé aquel momento en un *selfie* con la niña. Detrás se veía a Héctor y Mario sonriendo. En primer término, junto a Islam, mi rostro aparecía muy pálido, casi demacrado, pero su sonrisa me reconciliaba con el mundo: supe que a ella no la habían tocado en Libia, mantenía su pureza intacta.

Ante la dedicación que exigía nuestro trabajo desde el primer rescate y en vista de la agitación de las últimas noches, el capitán reestructuró los horarios de las guardias, excluyéndonos a Joaquín y a mí, con grupos de dos personas en lugar de tres. Mi compañero y yo seguimos ayudando en lo que pudimos, pero todos sabíamos que nuestra misión allí era otra: que el mundo no se olvidara de las 121 personas rescatadas que seguían a bordo y que necesitaban cuanto antes llegar a un puerto seguro. Y en eso, nadie nos podía tomar el relevo.

83

Antes de meterme en la cama, revisando las redes, encontré varios mensajes entrañables que nos recordaban la misión de nuestro trabajo, aquella por la que siempre defiendo la necesidad de los medios públicos. Me emocionó especialmente este tuit de Miguel Ángel Vázquez, un activista de derechos humanos: «Mi aplauso a quien haya decidido enviar a la corresponsal de @rtve Yolanda Álvarez a bordo del @openarms_fund. Televisión pública a la altura de los retos de los tiempos. Gracias». A su aplauso se unían más comentarios generosos, como el de la escritora Espido Freire, que apuntaba: «Es una enorme profesional». Y en paralelo y sin venir a cuento, también volvió a la carga la *hasbará*, la propaganda oficiosa proisraelí y prosionista, que aprovechaba cualquier ocasión para volver a difamar mi nombre y mi trabajo. Y eso que a bordo del Open

Arms no viajaban ni israelíes ni palestinos… Tenían una fijación obsesiva y digna de psicoanálisis. Por suerte estaba demasiado ocupada en menesteres mucho más importantes y con ellos ya había aprendido hacía tiempo que el mejor desprecio es no hacer aprecio.

Esa noche por fin logré dormir más de siete horas, así que empecé la jornada siguiente con fuerzas renovadas. Por la mañana el barco se movía bastante y, aunque el capitán viró un poco el rumbo para que no notáramos tanto el oleaje, esta vez no tardé en tomarme una Biodramina con cafeína para evitar males mayores y estar a pleno rendimiento.

En la cubierta había bastantes personas mareadas y algunas, con vómitos. Me vino a la mente una idea: la vulnerabilidad. Y sobre esa idea le planteé a Joaquín el enfoque de las crónicas del día: los más vulnerables en aquel barco eran los menores.

Empezamos por los que más saltaban a la vista: los dos niños de doce y siete años, y los dos bebés. Mientras Islam dibujaba figuras geométricas utilizando un teléfono móvil como si fuera una regla, volví a entrevistar a su madre, pero esta vez en su papel de progenitora. Al mirar a Islam se me ocurrió la frase de inicio de la crónica del TD1 (*Telediario de la Primera Edición*) de aquel domingo: «Tienen toda una vida por delante, aunque la podrían haber perdido en el mar si nadie los hubiera rescatado». A continuación presentaba a la pequeña y escuchábamos a Safaa, su madre, explicar por qué se habían echado al mar con una menor: «En Libia no hay seguridad. Tuvimos que dormir en la calle. A mis hermanas y a mí nos violaron los libios al estar solas. Mi sueño es que mi hija pueda ir a la escuela y llegue a la universidad y tenga un buen futuro, si Dios quiere». Sus deseos no dejaban de ser los mismos que los de cualquier madre o padre en cualquier lugar del mundo, pero la razón que las había llevado a arriesgar su vida era mucho más poderosa.

El otro niño que viajaba con su madre, además de los bebés de Rabiya, era Rahim, marfileño de siete años. También llevaba una camiseta naranja del Barça. En ese momento dormía boca abajo junto a su madre, así que preferí no molestarlos. Era la mejor forma de neutralizar el mareo.

De los 32 menores que había a bordo del Open Arms, 27 viajaban solos. Me negué a llamarlos menores no acompañados y, menos aún, «menas». En el periodismo, tenemos que cuidar nuestra principal herramienta: el lenguaje. No quería contribuir, a través de unas siglas, a la cosificación y deshumanización de unos críos que habían emprendido la que era sin duda la travesía más difícil de su corta vida.

Al ver a estos chavales, la mayoría de la población tiende a pensar que se marchan de casa por motivos económicos, en busca de oportunidades para conseguir una vida mejor. Pero para algunos de aquellos menores, jugarse la vida en aquella travesía era la única manera de salvarla.

Unos habían huido de lugares en conflicto, empujados por la violencia. Era el caso de Jibril, un maliense de dieciséis años. De su país había cruzado a Argelia y de allí, a Libia. «He pasado un mes en prisión y he decidido venir a Europa huyendo de tanta guerra. Los rebeldes atacaron la cárcel en la que estaba, mataron a mucha gente allí y me quedé solo», nos contó a través de otro joven que nos hizo de intérprete.

Su mirada era penetrante y poderosa; tanto que abrimos la crónica con un primer plano de sus ojos, una imagen que el realizador de nuestro primer *Informe Semanal* también elegiría para sobrescribir el título del reportaje: «Náufragos sin puerto».

A otros menores los perseguían en su propio país. Elshaday, de diecisiete años, tuvo que escapar de Eritrea para salvar el pellejo: era cristiano protestante. «En mi país están persiguiendo a los protestantes. Nos matan o nos meten en prisión. Cuando tenía dos años, mi padre me llevó con él, pero después murió y me quedé solo», nos relató en su idioma, que otro eritreo me tradujo al inglés. Elshaday estaba solo en este mundo.

Mientras el Open Arms seguía a la espera de que alguna autoridad le asignara un puerto seguro, aquel día Malta había permitido que el buque humanitario alemán Alan Kurdi desembarcara a las 40 personas que había rescatado. Varios países europeos habían aceptado acogerlas. Con esa información y los testimonios de los menores, hice otra crónica para el informativo de RNE de las dos de la tarde, mientras se enviaba por Internet la pieza para el *Telediario*.

La jefa de misión del Open Arms, Anabel, puso en marcha en coordinación con la ONG un plan para intentar que al menos aquellos menores pudieran desembarcar cuanto antes. Los voluntarios, con la ayuda de Mohammed y otros para la traducción, hicieron reuniones informativas por grupos en la cubierta de popa. Necesitaban sus datos y sus historias para hacer una petición por vía judicial. Recopilarlos llevaría su tiempo. Las entrevistas se llevaban a cabo en la cubierta de proa, para preservar la intimidad de cada uno. Ani me dio aquella información *off the record* y me comprometí a no darla hasta que el proceso se hubiera completado y se interpusiera la demanda ante un Tribunal de Menores.

Para el noticiario de la noche pensé seguir dando voz a los menores, pero necesitaba encontrar a alguno con el que pudiera comunicarme directamente. Sabía que en la traducción se perdían los detalles. Por suerte, Daniel, que me había ayudado con la traducción de su compatriota Elshaday, aceptó mi petición de entrevista.

Había estado hablando con él un rato antes. Yo aprovechaba cada rato libre que tenía para conversar con los rescatados y conocerlos. Daniel hablaba un inglés que traslucía una buena educación. Me preguntó si estaba casada. Cuando le dije que no, me espetó: cásate y ten un hijo. Supongo que su mentalidad no podía concebir mi estilo de vida. Pero se dirigía a mí con la madurez de quien con solo diecisiete años ya ha descubierto la cara más oscura del ser humano.

«He estado un año y medio en prisión en Libia. Fue un infierno. Pasé allí un año y medio. No tengo palabras para describirlo. Nos tratan como animales. Te pegan cada día, todos los días, para conseguir dinero. Te pegan cada jodido día, Dios mío, es increíble», me confesó el menor eritreo con rabia contenida.

Era la segunda persona que me hablaba de un posible soborno: pagar por su liberación del centro de detención. Si migrar irregularmente era un delito en Libia, no cabía el pago de una multa, sino el cumplimiento de una pena o su deportación... a no ser que aquello fuera un negocio. Le pregunté cuál había sido el precio de su libertad. No tuvo reparos en responder: «Pagué 5.000 dinares (unos 3.200 euros) a los guardias para que me liberaran. Después me pusieron en libertad».

Puesto que la Unión Europea había firmado un acuerdo con Libia para que se hiciera cargo de los migrantes y refugiados que capturara o salvara en su extensa zona de rescate, quise confrontar aquella decisión política con lo que habría supuesto para Daniel su posible regreso a Libia, si en lugar de un barco humanitario, su patera se hubiera cruzado con un guardacostas del país magrebí.

«Libia es el lugar más peligroso del mundo. Si me devolvéis allí, estoy muerto. Lo sé. Moriría pronto», me dijo con el rostro sombrío. Hizo una pausa, como si quisiera recuperar fuerzas para no quebrarse, y continuó con una frase que se me quedaría grabada a fuego: «Solo quiero un lugar seguro para mi alma. Solo eso. No pido nada más».

A quienes hemos tenido la suerte de nacer en un lugar seguro nos resulta difícil entender que miles de personas arriesguen cada año sus vidas por amanecer en paz, en un lugar donde puedan pensar en cómo vivir y no solo en sobrevivir. Por eso era muy importante para mí que el mensaje de Daniel llegara a quienes vivimos en paz y seguridad. Esa tarde, con el envío de la crónica, Joaquín y yo lo pasamos francamente mal, porque la conexión a Internet fallaba e iba muy despacio.

87

En aquel momento había aparecido la luna creciente. Siempre que la veo en esa fase, pienso en una sonrisa que nos ilumina desde el cielo y, aunque parezca pueril, me reconforta. Aquella noche, después de un buen rato de angustia, la suerte también nos sonrió. Nuestra pieza llegó por los pelos, pocos minutos antes de su emisión en el *Telediario* de la noche. Y con ella, el mensaje de Daniel. Recuerdo que más de una persona hizo referencia a esa frase en las redes sociales.

Esa noche, cuando desde mi litera hablaba por WhatsApp con un amigo, caí en la cuenta de que no le había pedido a nadie que regara mis plantas en Madrid. ¡En pleno agosto! Enseguida avisé a mi amiga Estefanía, que tenía llaves de mi casa, para que fuera de urgencia al día siguiente. Las plantas, entre las que había tres orquídeas, llevaban doce días sin regar y yo nunca dejaba que pasaran más de diez, especialmente en verano. La intensidad de todo lo que estaba viviendo en aquel barco me había llevado a olvidarme de mis pequeñas cosas y, en cierto modo, de mí.

Por primera vez me detuve a pensar en todas aquellas historias de dolor que las personas rescatadas por el Open Arms me iban confiando. Las abordaba con toda la profesionalidad de la que era capaz. Y también con empatía y humanidad. Por eso su sufrimiento no me era ajeno. En silencio me brotaron las primeras lágrimas que derramé a bordo de aquel barco. Intuía que no serían las últimas.

10

Hortensia: «El mar ha matado demasiado»

*L*as siete horas y media de sueño, la ducha caliente y el desayuno con un té bien cargado me devolvieron la energía necesaria para salir de nuevo a aquella cubierta repleta de historias que merecían ser contadas. Mi mirada se posó, inevitablemente, en Hortensia. Estaba tumbada en el suelo, sobre una manta con la que hacer más llevadera la dureza de las tablas de madera. Llevaba cuatro días así, sin apenas levantarse, más que para ir al aseo o para sus curas diarias. Las quemaduras de segundo y tercer grado que tenía en los glúteos le impedían sentarse. Todos pensábamos que sus heridas, como las de muchos migrantes que llegan en pateras, se debían a la combustión que produce el fuel de las barcas al entrar en contacto con el salitre del mar, pero ese día averigüé que no eran accidentales, sino provocadas.

Hortensia era la única mujer de aquel barco que llevaba el cabello corto. Entre sus tupidos rizos, asomaban algunas canas. Me sorprendió descubrir que solo tenía treinta años. Su mirada se perdía en la infinidad del cielo; su tristeza llegaba aún más lejos. Me senté a su lado, en el suelo, y le dije: «*Bonjour*, Hortensia». Sabía que hablaba francés, pero desconocía que venía de Costa de Marfil, el país en el que me estrené como reportera internacional para TVE. Le conté que había sido en 2007, con una ONG española que se dedicaba a hacer campañas de vacunación infantil. Entonces, la mitad del país estaba ocupada por las fuerzas que se habían levantado contra el entonces presidente Laurent Gbagbo. Le pregunté si había huido de aquel largo conflicto; pero no, sus razones habían sido otras. Cuando empezó a exponerlas, le pedí por favor que detuviera su relato y le pregunté si me lo podía contar ante la cámara. Sabía que si me lo contaba por segunda vez, su testimonio perdería fuerza y naturalidad.

Busqué con la mirada a mi compañero, que durante nuestra conversación iba grabando imágenes para nuestras crónicas y reportajes. Joaquín sabía mantenerse a la distancia justa, con un ojo en el visor de la cámara y otro en lo que sucedía a su alrededor, para no perderse nada importante. Eso también me permitía generar un clima de confianza con los entrevistados, sin que la presencia de la cámara de televisión resultara invasiva.

90 Hortensia Achou permaneció acostada de lado durante la entrevista. Joaquín se las ingenió para colocar la cámara a la altura de sus ojos, sin trípode. Yo seguí sentada en el suelo, junto a ella. Su historia centró la crónica del *Telediario* de las 15:00 horas de aquel 5 de agosto, fue destacada en la web de noticias de RTVE y también protagonizaba el primer reportaje de *Informe Semanal* que hicimos desde el Open Arms. Pero las frases que entresaqué solo eran retazos de una dolorosa historia que Hortensia nos empezó a esbozar en aquella primera entrevista y que desgranó desnudando su alma en un segundo encuentro. Una historia de eterno desamparo que hasta ahora no he narrado con el detenimiento y precisión que su testimonio merece.

Aquella mujer marfileña, con aspecto frágil pero una fortaleza de hierro, fue la segunda persona a bordo en hablarme de esclavitud. Una condición inhumana que ni siquiera sería la peor de sus vivencias.

Lo primero que le pedí fue que me describiera cómo era su vida justo antes de arriesgarla en el Mediterráneo. Quería saber qué lleva a una persona a jugársela de aquel modo. Hortensia inició así su relato: «Yo trabajaba como sirvienta en Libia, en casa de una señora árabe. Durante ese tiempo yo no salía de casa. Estaba encerrada como una esclava. A la hora de cobrar mi dinero, siempre me ponían un montón de problemas. Cuando llegó el fin de mes, le pedí a la señora que me diera mi salario. Creía que habían ido ella y su marido a buscar el dinero. Yo estaba en la cocina, lavando la vajilla, cuando de repente, por la espalda, me echó un líquido encima. Me dijo algo que no entendí y me gritó: ¡Lárgate! ¡Vete adonde quieras! Entonces hui, muerta de miedo. Gracias a Dios, la puerta no estaba cerrada. Si llega a estarlo, quizás me habría prendido fuego, porque me había vertido un líquido, no sé si era gasolina, petróleo o qué, pero en la calle empecé a sentir la quemazón. Así llegué al lugar de donde partió la embarcación. Hubo gente que me ayudó, porque para pasar por allí había controles de seguridad. Si no los superas, te pueden secuestrar. Pero me metí así en el barco, con esa quemadura».

Sin alcanzar a imaginarme su desesperación, le pregunté cómo, con las heridas que tenía, pudo aguantar la travesía en aquella barca atestada de gente y qué sintió al ver llegar la lancha rápida del Open Arms. A Hortensia la habían salvado por la noche, en la segunda operación de rescate. Quise saber qué sintió en ese momento, porque estoy convencida de que en las historias que contamos los periodistas, no solo importan los hechos, sino también —y a veces incluso más— las sensaciones y emociones de quienes los han vivido.

«Sentí un gran alivio. Rezaba para que alguien nos rescatara, pero no pasaban barcos. Ya era de noche. Estábamos en una zona petrolera y no sabíamos qué iba a suceder ni adónde íbamos. Notaba que la herida me ardía. Cogí agua del mar y me la eché para refrescarme, pero nada. No sabía qué hacer, sentía que algo grave me estaba ocurriendo, no podía soportar más el dolor. Llevábamos tres días atrapados en aquella barca, bajo el sol. Estuve con el corazón encogido hasta que nos salvaron. Cuando vi el barco, di gracias a Dios: sentí que por fin estaba a salvo, poco importaba lo que sucediera después. Si el barco no hubiera estado allí, quizás hubiéramos muerto en medio del mar. Cuando nos rescataron y subimos al barco, lo primero que hice fue coger agua para enjuagarme e intentar aliviar la quemazón. Entré al aseo para orinar. Entonces vi que el pantalón se me había pegado a la carne. La herida se había infectado y estaba llena de pus. Llamé al médico y le dije: Mire lo que me pasa. Él no podía ni mantener la mirada. Empezó a llorar». Hortensia hizo una primera pausa en ese punto y suspiró, como si al contarlo se reavivara en su carne el dolor de aquella travesía incierta y eterna.

Me estremeció su fortaleza. Me la corroboró después Varinia, la enfermera voluntaria a bordo, al enseñarme en su móvil varias fotos de las quemaduras. Dolía mirarlas. Sus nalgas estaban en carne viva. Antes de las curas, siempre le aplicaban un analgésico, pero a pesar del cuidado de Varinia, resultaban muy dolorosas. Sin embargo, se intuía que aquello ni siquiera era lo que más sufrimiento le causaba.

Tras la breve pausa y sin esperar a una nueva pregunta, Hortensia prosiguió, ansiosa por expresarnos todo lo que aquel rescate había significado para ella: «Solo sabía que si volvíamos a Libia nos meterían en prisión y eso podía significar nuestra muerte. Si nos hubieran interceptado los libios, hubiera preferido tirarme al mar antes que volver allí. En Libia no estamos a salvo. Trafican con nosotros. Si el patrón quiere acostarse contigo, no puedes hacer nada. Puede matarte sin dejar rastro y nadie lo va a saber».

Otra vez. El tema de los abusos sexuales volvía a aflorar de los labios de una mujer rescatada. En esta ocasión no me anduve con rodeos y le pregunté si su patrón la había agredido sexualmente. Ella tampoco tuvo ningún reparo en responderme: «Lo intentó varias veces. A menudo le rogaba a Dios que no me hiciera pasar por ahí. El patrón me tocaba y yo lo rechazaba. Temía el momento de su regreso a casa. A veces, estando fuera, me decía que entrara. Le preguntaba para qué, porque ya sabía cuáles eran sus intenciones. Su mujer estaba allí delante y me miraba en silencio. Él iba armado. Si decía que no, me podía pegar un tiro y abandonarme en cualquier sitio en medio de la noche».

De sus palabras se desprendía la impunidad con la que podían actuar los hombres libios si deseaban cometer cualquier tipo de abuso. Algunos incluso se atrevían a hacerlo sin ningún resquicio de pudor, delante de sus esposas. Y lo peor de esa impunidad es que deja en situación de total desprotección a las mujeres que, para migrar a Europa, pasan por ese país. Muchas de ellas buscan una oportunidad para salir de la miseria, un derecho difícil de negar a cualquier persona que viva en ella. Quise saber si también era el caso de Hortensia y le pregunté por qué había abandonado su país.

93

«Allí hay un problema religioso. Mis parientes son musulmanes, pero yo soy cristiana. Todos son musulmanes menos yo, así que no tienes derecho a nada. A mí me hicieron la ablación. Si lo rechazas, se considera desobediencia y te persiguen. Me dije que si me iba de mi país, al menos podría encontrar un refugio donde esconderme para que me protegieran», me explicó. Los motivos religiosos son una de las causas por las que se puede solicitar asilo en un país seguro, un derecho que debería poder ejercer cualquier persona perseguida o que huya de un conflicto sin tener que jugarse la vida en el mar. Y conviene recordar que no solo es un derecho contemplado en la Declaración Universal de los Derechos Humanos, la Carta de Derechos Fundamentales de la Unión Europea o la Constitución española; también es una obligación de los Estados.

Hortensia necesitaba, como la mayoría en aquel barco, sentirse segura, protegida, en paz. Me confesó que necesitaba cuanto antes «empezar a olvidar», dejar atrás todo el sufrimiento por el que había pasado. Y con el sentido común que tan poco común es a veces, insistió en una idea que suelen ignorar quienes carecen de empatía: «Nadie quiere dejar su país para marcharse lejos. Nos duele en el alma, pero cuando algo no va bien, estamos obligados a marcharnos. No lo hacemos por diversión. Cada uno deja su país por una razón, ya sea la guerra o el matrimonio forzado. Nos matan, no tenemos la suerte que vosotros habéis tenido». Y esa frase, que evocaba la diferencia abismal de oportunidades por haber nacido en una u otra latitud, golpeó mi conciencia sin remedio.

Con los ojos llenos de lágrimas y el alma cargada de razones, Hortensia apelaba a la compasión de los europeos, a su cristiano «amor al prójimo», y se acordaba de quienes habían tenido peor suerte que ella: «Deben apiadarse de nosotros. Hay personas enfermas, mujeres que han tenido que atravesar el desierto para venir aquí. Solo para encontrar refugio. Hay quienes no han tenido nuestra suerte y han muerto por el camino. Y sus padres ni siquiera lo saben».

Una de las cosas que más me costó durante aquella larga travesía fue responder a una pregunta que de vez en cuando me hacía alguna de las personas rescatadas: ¿por qué no nos quieren en Europa? Al final de la entrevista, Hortensia Achou también me la disparó: «¿Por qué no nos aceptan? No venimos a destruir el país. Si todo va bien en nuestro país, regresaremos allí. Hay europeos que vienen de su país al nuestro y no les hacemos ni decimos nada. ¿Por qué no nos quieren? ¿Porque somos negros? Nos tienen que aceptar. La gente solo quiere vivir tranquila. Hay sitio para todos. Dejadnos, es todo lo que pedimos. El mar ha matado demasiado». Nunca he sabido dar una respuesta justa y coherente a por qué los del Norte podemos viajar sin problemas a prácticamente cualquier lugar del mundo y a los del Sur se les ponen tantas trabas para viajar a nuestro hemisferio. Sí, está claro, es cuestión de riqueza y pobreza, la diferencia de nacer en una u otra latitud; pero, aun siendo ciertas, ¿dónde está la humanidad o la justicia en cualquiera de esas respuestas?

Durante nuestra conversación, aquella mujer herida por dentro y por fuera rompió a llorar varias veces. Al finalizar la entrevista, le di un largo abrazo y sollozó en mi hombro como si fuera una niña. Observé que llevaba un pantalón de chándal grueso, afelpado, y pensé que con aquellas heridas le debía de dar demasiado calor. Le pedí que esperara un momento. Entré a mi camarote y le traje un pantalón fino de algodón, de esos que se utilizan para hacer yoga, para que fuera más cómoda. Hortensia no sabía cómo agradecérmelo. Volvió a llorar. Entonces decidí pedirle algo a cambio: una sonrisa. La necesitaba tanto como ella.

Con el alma aún encogida, me subí al puente de mando a redactar la pieza para el *Telediario* de las tres de la tarde. Empezaba con las curas que Varinia hacía cada día a Issiaga, con heridas de bala en los pies, y enseguida me centraba en la historia de Hortensia. A las 14:20 horas, el archivo ya estaba en Madrid. Cuando hay tanta verdad en un testimonio, el periodismo fluye sin apenas esfuerzo, basta con intentar transmitir la fuerza de esas palabras sin diluirla o empañarla. En aquella crónica, escribí: «Su quemadura se va curando. Las heridas del alma necesitarán mucho más tiempo». No me equivocaba. Poco antes del desembarco final, Hortensia necesitaría una evacuación de emergencia. Su alma se estaba apagando.

11

Una tripulación sin tregua

Desde el primer rescate, a bordo del Open Arms convivían y se entrelazaban dos realidades paralelas. En la parte interior del buque vivíamos la tripulación, los voluntarios y el equipo de TVE. Disponíamos de modestos y sencillos camarotes con literas o camas en las que descansar nuestros huesos al final del día. Para nuestra higiene, compartíamos cinco retretes y cuatro duchas entre los 19 que habitábamos el piso de abajo y el superior. Nos alimentábamos de lo que Víctor cocinaba, con guisos y platos que solían llevar verduras, algo de carne o pescado, pasta, arroz o legumbres. Los productos frescos se guardaban en una gran cámara frigorífica y en un congelador. Hasta que los alimentos empezaron a escasear, también teníamos huevos, leche, fruta y pan. Eran condiciones modestas, pero mucho más llevaderas que las que tenían los 121 rescatados.

Dormían a la intemperie, en el suelo de la cubierta de popa, entre mantas y sin colchonetas que amortiguaran la dureza del suelo. Los voluntarios les repartieron chalecos salvavidas, que algunos utilizaban como almohada o base para dormir. Para su higiene, en cubierta solo había dos retretes y una manguera. Cada persona disponía de una botella de agua, que se iba rellenando, y de un cuenco de cartón que se reemplazaba por uno nuevo cuando, por el uso, quedaba inservible.

Por la mañana, siempre con una sonrisa y buen humor, Víctor y Carlos (el cocinero y el contramaestre) les servían té con barritas energéticas o galletas. Para el almuerzo y la cena, Mauro y los demás socorristas cocían arroz o cuscús en grandes ollas y en arroceras eléctricas. Dar de comer a más de un centenar de personas en un barco no es tarea sencilla. Ni siquiera se podía hervir todo el arroz o la sémola de trigo de una sola vez; había que hacerlo en un par de tandas. Todo esto, si el estado de la mar acompañaba y solo se percibía cierto balanceo. Los días de mala mar, suponía una auténtica proeza.

El reparto también exigía su tiempo y cierta coordinación. Se empezaba por servir a las personas que tenían problemas de movilidad, como Hortensia o Issiaga, el guineano que llevaba dos balazos en los pies. Después se pedía a las mujeres y niños que hicieran cola. Con ese grupo, más reducido, se solía acabar pronto; se tardaba mucho más con los varones, que suponían unas tres cuartas partes de los rescatados. Los voluntarios, normalmente de dos en dos, iban llenando el cuenco de arroz o cuscús, acompañados por la música, normalmente ritmos africanos o *reggae*, para hacer más amena y llevadera la espera.

Siempre que el trabajo me lo permitía, intentaba ayudar ofreciendo sal y azúcar para condimentar el arroz cocido o el cuscús. Con mi mejor sonrisa y mirándolos a los ojos, les preguntaba: «¿Sal o azúcar?», tratando de adivinar su origen y alternando el inglés con el francés y el árabe. La gran mayoría respondía con una sonrisa y algunos incluso me ayudaban a perfeccionar mi pronunciación en árabe. Para mí era un momento distendido que me ayudaba a acercarme a ellos, dejando al margen por un instante a la periodista que siempre veían en mí.

Aquel 5 de agosto, en cuanto enviamos la crónica para el *Telediario*, almorcé y salí a la cubierta para participar en el reparto de comida. Después de la dureza del relato de Hor-

97

tensia, necesitaba un soplo de aire fresco que me ayudara a aliviar la carga emocional.

Desde el Área Internacional de Informativos de TVE, me dijeron que en el TD2, el *Telediario de la Segunda Edición*, no iría una pieza nuestra, sino una hecha desde la redacción con las reacciones políticas que había suscitado la situación del Open Arms. Nuestra crónica del TD1, después del testimonio de Hortensia, había acabado con una salidilla mía en cubierta, en la que decía: «El barco humanitario alemán Alan Kurdi desembarcó ayer en Malta después de que Berlín intercediera. Llevaban cinco días como nosotros, navegando sin destino». Tras el llamamiento del barco alemán, el Gobierno de Angela Merkel había tomado cartas en el asunto para impulsar la redistribución de los migrantes rescatados y, por eso, Malta había aceptado su desembarco al quinto día desde la operación de salvamento.

Aquel mismo lunes, ante las reiteradas peticiones del Open Arms y el ofrecimiento de varias ciudades españolas, como Valencia, el Gobierno español rompió su silencio precisamente desde esa ciudad y a través del ministro en funciones de Fomento, también valenciano. José Luis Ábalos recordó que la normativa internacional exigía desembarcar en el puerto seguro más cercano y, aunque admitía que eso no se cumplía en la práctica, declaró: «No puede crearse la imagen de que solo España es puerto seguro. Eso sería dramático». Y apelaba a que la gestión del salvamento marítimo debía ser una responsabilidad compartida entre los países miembros de la UE: «Es importante que la Comisión Europea asuma su responsabilidad y que otros países también. Tiene que haber una política migratoria de toda la Unión Europea».

En su intervención, Ábalos justificaba las limitaciones que su Gobierno había impuesto a la misión del Open Arms: «Ya advertimos que las labores de salvamento tienen un problema, y es que no pueden aportar un puerto seguro», como si esa fuera una responsabilidad de las oenegés y no de los Estados ribereños. Aun así, no descartaba que las personas rescatadas acabaran desembarcando en suelo español: «No es que no vayan a venir, no es la primera vez que esto ocurre. En la última ocasión pasó lo mismo y al final tendrá que ser lo que tenga que ser».

Aproveché aquella tarde sin crónica para el *Telediario* para organizar todo el material y ver cómo enfocaba el reportaje para *Informe Semanal*. Al detenerme, sin la premura de tener que correr para enviar una crónica nocturna, comprobé lo espesa que estaba mi mente. Tomé otro mate, que me sirvió para mantenerme activa, y fui consciente de la importancia de cuidarme física y psíquicamente para lo que podía llegar. Ese día, el capitán y la jefa de misión nos advirtieron de que nos mentalizáramos de que aquello podía ir para largo. Yo empezaba a notar algo de cansancio, después de jornadas tan intensas, sin parar ni un instante. No era la única: sobre la tripulación y los voluntarios también empezaba a pesar la acumulación de trabajo y responsabilidades, con tareas de limpieza, cocina, reparto de comida, guardias… Por la noche, siempre había alguno de ellos en la cubierta de popa, por si alguno de los rescatados requería atención.

Después de cenar, me metí en el camarote para elaborar una crónica que me habían pedido para Radio Nacional. Dejé caer mi cuerpo en la litera pasada la medianoche. La crónica para la radio me había dejado la mente activa y no lograba bajar revoluciones. Además, en aquel cuarto notaba cada vez más la presencia de unos bichitos. Eran marrones, muy pequeños y, por suerte, no picaban; pero no saber qué eran exactamente ni de dónde salían me generaba cierta desazón.

Tumbada en la cama, me encontré, sin pretenderlo, haciendo balance del día. Debía prepararme mentalmente para lo que se pudiera prolongar aquella situación. Repasé algunos momentos de la jornada que me habían parecido entrañables, como la charla con Islam, su madre y sus tías. Conversar con ellas de igual a igual, a pesar de mis limitaciones idiomáticas en árabe, también era una forma de ayudarlas a mantener el ánimo, después de su duro periplo, y a sobrellevar aquellas difíciles condiciones. También recordé la paz que había sentido al tener en mis brazos durante unos minutos a uno de los bebés gemelos, que no dejaba de reír ante cualquier monería que le hacía. Mi instinto de supervivencia se aferraba a aquellos momentos para mitigar el dolor de Hortensia, que me seguía pellizcando el alma...

En ese recuento nocturno de lo positivo, me había tranquilizado el mensaje de mi amiga Estefanía, que había acudido a mi llamada urgente y había ido a mi casa a regar las plantas. Milagrosamente, las orquídeas habían sobrevivido y estaban bien. Di gracias por haber sabido cultivar la amistad mejor que mis plantas.

Me dieron las dos de la madrugada aún despierta... Hacía calor, el aire acondicionado apenas funcionaba y Joaquín y yo decidimos dejar el ventanuco abierto. Finalmente, el cansancio acabó venciendo al calor y a mis pensamientos.

A la mañana siguiente, me llamaron para encargarnos un reportaje para el *Informe Semanal* de ese sábado. Desde el principio, era el objetivo de aquel viaje. El desarrollo de los hechos, desde los dos rescates, nos había exigido volcarnos con la actualidad diaria; pero lo cierto era que si a bordo del Open Arms había un equipo de TVE en esos momentos era gracias a la apuesta del director del programa, Óscar González, y de la directora de Informativos No Diarios, Teresa Rodríguez. Así que Joaquín y yo nos pusimos con aquel encargo. Ese día no nos pidieron crónicas para el *Telediario*: desde Madrid harían una pieza con el tema político. Aun así, mandamos una declaración, lo que en la jerga televisiva llamamos un total, de la jefa de misión para el TD1, y entré en directo para RNE en su boletín de las 14:00 horas.

En la cubierta, la gente empezaba a estar visiblemente cansada y a mostrar signos de hartazgo. La abuela sudanesa estaba mareada, se sentía mal y empezó a llorar. Vi a sus hijas muy preocupadas y afectadas. Les pregunté como pude, en mi árabe básico, qué le ocurría y logré entender que era diabética y que no debía comer arroz. Con aquella información, llamé al médico. Siguiendo sus instrucciones, la enfermera le hizo a la abuela un test de azúcar en sangre y salió bien, lo que contribuyó a que se calmaran. Pero su nieta, Islam, tenía demasiada tristeza en sus ojos. Le pedí a la niña que me acompañara a otra parte de la cubierta, un pelín más despejada. Lejos de las miradas de su familia, Islam rompió a llorar. La abracé e intenté tranquilizarla con unas palabras en árabe. Le dije que entendía que aquella situación resultaba muy aburrida y difícil para ella, pero también le expliqué que estar en aquel barco era mucho mejor que estar en Libia, que su abuela estaba cansada pero no enferma y que todo iba a salir bien. Después le enseñé en mi móvil la foto que nos habíamos hecho cuando bailamos juntas y otras mías, con familia y amigos. Quería sacarla mentalmente de donde estaba. Le dije que esa noche bailaríamos otra vez y me regaló su hermosa sonrisa.

Aquel 6 de agosto, también vi otra vez a Hortensia llorar sin consuelo. Le di un abrazo largo y la dejé verter en sus lágrimas algo de su dolor. Cuando por fin dejó de sollozar, le enseñé en mi teléfono el vídeo que había hecho con su historia. Esbozó una leve sonrisa y me dio las gracias. Se las devolví: «Yo no puedo hacer mi trabajo sin vosotros. Estoy aquí para contar vuestras historias», le dije.

Al hablar con las personas rescatadas e intentar ayudarlas, al principio me sentía compungida, como si en aquel ejercicio de empatía me contagiaran parte de su sufrimiento; pero reconozco que también me reconfortaba el hecho de conseguir mejorar en algo su ánimo. A fin de cuentas, yo tenía la certidumbre de un lugar seguro al que volver; ellas no.

101

Algunos voluntarios también empezaban a ponerse nerviosos. Nuestro regreso a tierra estaba inicialmente previsto para ese día o, como mucho, en un par más. Entre ellos, había quien tenía planes difícilmente aplazables. Víctor, el cocinero, esperaba la llegada de su primer nieto y se le veía muy preocupado. El capitán y la jefa de misión hicieron una reunión en el puente de mando para informar a los voluntarios y la tripulación de cómo estaba la situación. A mi juicio, la información no estaba fluyendo con naturalidad. La ONG parecía más preocupada por la comunicación externa que por la interna. En aquella reunión, Víctor habló sin tapujos, recriminándoles que se enteraba de las noticias por la prensa en lugar de por quienes estaban al mando de aquella misión. Marc, el capitán, asumió su error y pidió que cualquier crítica o malestar se manifestara abiertamente y que no se convirtiera en la comidilla del barco, una idea en la que había insistido desde el primer día como algo esencial para la buena convivencia a bordo. Esa tarde, el capitán también organizó una asamblea en la cubierta para informar a las personas rescatadas y tratar de paliar su creciente desazón.

Hasta aquel martes no leí la noticia de que dos días antes habían bombardeado un barrio residencial en el sur de Libia. El diario *El País* titulaba: «Un ataque aéreo de Hafter deja 43 muertos en el sur de Libia». En aquella maldita guerra, una vez más, no se respetaba a los civiles. Un mes antes habían bombardeado un centro de detención atestado de migrantes. Ahora, un barrio residencial en la ciudad de Al Murzuq. Por primera vez sentí que, a pesar de las dificultades, el Open Arms quizás también nos estaba salvando a Joaquín y a mí del horror de Libia que me describían quienes lo habían padecido.

Al no tener que hacer ningún envío de material a Madrid, al atardecer salí un momento del puente de mando y me senté sola unos minutos a disfrutar de la puesta de sol sobre el mar. En aquel barco superpoblado, encontrar algún rincón en el que estar a solas empezaba a convertirse en una necesidad.

En cuanto cenamos, mi compañero y yo ayudamos a los voluntarios a repartir la cena. Esa tarde, la tripulación había encontrado la fuente de los bichos. Venían de la despensa, contigua a nuestro camarote. El orégano en rama que habían comprado estaba infestado de aquellos diminutos insectos. Vaciaron la despensa y, por la noche, fumigamos con insecticida el camarote y lo dejamos abierto para que se ventilara. Así acabamos con una de las causas de mis desvelos.

Al tumbarme en la cama, empecé a notar cierto agotamiento físico. Supongo que también influía el emocional. Para mitigar ese cansancio, fue vital el apoyo de Jorge, que me acompañaba y cuidaba en la distancia. Por suerte, en aquella difícil travesía tenía a alguien con quien liberar mis emociones y compartir mis vivencias. Mis charlas con él me robaban el sueño, pero me insuflaban bocanadas de afecto y vida.

103

12

La patata caliente

*P*or primera vez desde que embarcamos, esa noche logré dormir unas ocho horas, hasta que sonó la alarma de mi móvil. Despertaba de una pesadilla en la que tenía hambre y todo lo que me ofrecían para comer llevaba cebolla, un alimento que mi organismo no digiere. Claramente, mi subconsciente expresaba así uno de mis miedos: notaba que con aquel ritmo de actividad y aquella alimentación, estaba perdiendo peso y temía que llegara el momento en el que apenas hubiera algo que pudiera comer. Además, a medida que empeoraba su ánimo, Víctor prestaba menos atención a mis limitaciones alimentarias y más se reducían mis opciones.

Aquel miércoles, 7 de agosto, Joaquín y yo estuvimos trabajando para *Informe Semanal,* ya que el *Telediario* seguía sin pedirnos nada; pero con el movimiento del barco por la mala mar, no lográbamos avanzar demasiado. Cuando me sentaba a visionar y minutar el material, al poco tenía que levantarme y salir a que me diera el aire fresco.

Al salir a la cubierta, las mujeres sudanesas me pidieron que me sentara un rato con ellas a hacerles compañía. Sentí que aquel gesto las reconfortaba y, en cierto modo, a mí también. Miré a Hortensia, que seguía acostada de lado en el suelo, la tomé del brazo y le pedí que diera un paseo conmigo por la cubierta. Llevaba demasiado tiempo sin apenas moverse y sabía que le vendría bien estirar las piernas.

Los voluntarios habían logrado conectar un micrófono al altavoz, con el que podían cantar al ritmo de la música. Aquel avance técnico ayudó a relajar el ambiente, que con el paso de los días se empezaba a tensar. En el centro de la cubierta, algunas personas bailaban al ritmo de una canción africana. Con un movimiento de cadera y un guiño, le pedí a Hortensia que se uniera. Para mi sorpresa, tras varios intentos, lo conseguí. Verla bailar y reírse me reconcilió con la vida.

Ese miércoles por la tarde, a través de una llamada telefónica, me enteré de que nuestra cobertura a bordo del Open Arms había generado cierto malestar en la Moncloa. Supongo que el hecho de que un equipo de TVE visibilizara día a día el devenir de aquellos náufragos, sumado al hecho de que nuestras crónicas habían abierto el *Telediario del Fin de Semana*, en pleno mes de agosto, estaban convirtiendo aquel desembarco en una patata caliente que unos y otros se resistían a asumir. Pero tenía claro que nosotros debíamos seguir haciendo nuestro periodismo humano con honestidad e independencia, le pesara a quien le pesara.

Aquella noche acabamos tarde el reparto de la cena. Eran ya las once cuando puse en marcha la secadora con la ropa que por fin había conseguido lavar. En el barco había una única lavadora, que estaba funcionando casi todo el día, sin tregua, como todos en aquella tripulación. Cuando recogí mis prendas, me sentí exhausta y me acosté a descansar. Esa noche logré dormir otras ocho horas: mi cuerpo y mis neuronas necesitaban recuperarse.

Cuando amaneció el día siguiente, noté desde la litera que el barco se movía considerablemente. Sabía por experiencia que en aquellas circunstancias lo mejor era seguir tumbada y que, aunque me tomara Biodramina, aquel vaivén incesante dificultaría bastante mi trabajo, ya que tenía que visionar entrevistas, escribir en el ordenador y fijar la vista en la pantalla.

Todavía estaba reuniendo fuerzas para incorporarme cuando me llamó Óscar, el director de *Informe Semanal*. La confianza con él me llevó a decirle que con aquel zarandeo me costaba hasta levantarme y que me iba a resultar difícil trabajar, aunque haría lo posible. Le pregunté si cabía alguna posibilidad de dejar el reportaje para la semana siguiente, pero él me confirmó lo que me temía: que ya lo habían anunciado. Nuestra conversación lo debió de preocupar, porque más tarde recibí la llamada de la directora de Informativos No Diarios. Teresa, siempre tan humana, me preguntó cómo me encontraba, me felicitó por el trabajo y me recordó que aquella cobertura se estaba haciendo precisamente por *Informe Semanal*. Para entonces, yo ya me había tomado la Biodramina y sentía que me estaba haciendo efecto, así que la tranquilicé y me comprometí a sacar como fuera aquel reportaje.

Esa mañana, el fundador y director de Proactiva Open Arms, había hecho declaraciones desde Barcelona para otros medios. En un vídeo de La Sexta que vi en las redes, Camps aseguraba que había contactado con el Gobierno español para que solicitara a la Comisión Europea que coordinara el dispositivo de reparto de las 121 personas rescatadas y se estableciera un mecanismo automático para todos los desembarcos. Hacía público que estaban agotando todos los procedimientos administrativos y legales para solicitar el desembarco. Por un lado, al Tribunal de Menores de Palermo, para los 32 menores que había a bordo. Y por otro, iban a intentar recurrir el decreto de Salvini que prohibía el rescate y multaba con un millón de euros a las organizaciones y barcos humanitarios que entraran en sus aguas. En aquel vídeo, Camps tenía de fondo el Astral, el velero de la ONG, y anunció: «Va a salir muy pronto para dar soporte al Open Arms. Estamos a dos días y 13 horas de distancia».

Al ver ese vídeo, tuve mi primer enfrentamiento con quienes encabezaban aquella misión. Sabía que el Astral iba a venir a apoyarnos logísticamente. Pero me dolió que Òscar Camps hubiera sacado a la luz la información sobre el Tribunal de Menores de Palermo, que yo conocía desde hacía días, pero no había publicado, a petición de la organización, para respetar el *off the record*. Estallé con el capitán. No me parecía serio que, siendo el único medio de comunicación a bordo, otros informaran antes que nosotros de lo que ocurría allí. Marc intentó aplacar mi enfado dándome una información que se acababa de producir. Por primera vez, había llegado un aviso de emergencia del Centro de Coordinación de Salvamento Marítimo de Bremen. Eso significaba que el MRCC alemán se hacía eco de las alertas que recibía el buque humanitario Alan Kurdi. Un nuevo actor había entrado en juego: hasta ese momento, solo los MRCC de la zona (Italia, Malta y Libia) habían lanzado mensajes de emergencia de embarcaciones en peligro. Sabía que aquella información era demasiado específica y no despertaría mucho interés, pero agradecí el gesto del capitán, que consideraba como yo que para algo el equipo de TVE llevaba diez días a bordo de aquel buque.

Era 8 de agosto. Se cumplía una semana desde los rescates y el *Telediario-1* nos pidió una crónica y, por primera vez, que intentáramos entrar en directo por Skype. Sentí cierto vértigo: llevaba más de cuatro años, desde mi época de corresponsal, sin hacer un directo. Y era muy consciente de que la conexión, que era inestable, se podía cortar. Pero el volumen de trabajo que teníamos por delante no dejaba resquicio alguno para alimentar temores.

El directo se desarrolló sin problemas: no nos traicionaron los nervios ni la wifi. En él expliqué la petición de desembarco al Tribunal de Menores de Palermo para los 32 menores que iban a bordo y cómo la espera con aquella mar rizada empezaba a minar la moral de los rescatados. En la crónica, el marfileño Samaké lo expresaba así: «Después de una semana aquí, tengo la moral muy baja, estoy triste, apenado, porque no estamos acostumbrados a estar en un barco más de dos o tres días».

107

Tanto en el directo como en la pieza, puse el acento en un nuevo problema: los víveres empezaban a escasear. La ONG calculaba que teníamos alimentos para solo un par de días más. A continuación de nuestra crónica, la presentadora, Alejandra Herranz, contaba que la vicepresidenta del Gobierno en funciones, Carmen Calvo, había declarado que España era el país que más inmigrantes acogía cada día, pero que en este caso no era «ni el puerto más cercano ni más seguro» (sic). Se refería a que el puerto seguro más cercano, que es lo que la normativa internacional establece para el desembarco, no era español, un hecho que nadie ponía en duda.

Después de varios días sin pedirnos nada, el TD2 también quería ese día pieza y directo. Pude negociar con ellos algo más sencillo, a fin de avanzar con el guion del *Informe Semanal*, una especie de falso directo que iría cubierto con imagen de ese día.

Parecía que después de una semana a la espera sin rumbo, la situación del Open Arms empezaba a sacudir la conciencia de Europa. Aquel mismo día, el presidente del Parlamento Europeo, David Sassoli, enviaba una carta al líder de la Comisión Europea, Jean-Claude Juncker, en la que consideraba que la situación del Open Arms era grave y requería una solución «inmediata». En Twitter, Sassoli escribía: «Si Europa no puede proteger a aquellos que están en dificultades en el Mediterráneo —personas que han emprendido un viaje en busca de una vida mejor— habrá perdido su alma, así como su corazón». Subida en aquel barco, no podía estar más de acuerdo con sus palabras.

La Comisión Europea no actuaba *motu proprio*: esperaba a que cualquier Estado miembro de la UE activara la petición de distribución equitativa de los migrantes rescatados. Pero hasta el momento, ningún Gobierno lo había hecho. Por eso, Òscar Camps había pedido formalmente a los ejecutivos de España, Francia y Alemania que intercedieran para que se pusiera en marcha el mecanismo de reparto y así, Italia o Malta aceptaran el desembarco de los 121 rescatados.

Mientras en el Viejo Continente se pasaban unos a otros la patata caliente, sin que ningún país tomara la iniciativa, a bordo del buque humanitario ninguno de nosotros descansaba. Aquella había sido una jornada muy productiva para mí. A las once y media de la noche tenía redactado medio guion del reportaje para *Informe Semanal*. Estaba cansada, pero me sentía satisfecha porque todo había salido bien. Aún no había resultados palpables, pero nuestra presencia y nuestro trabajo periodístico estaban ayudando a que el tema tomara relevancia en el ámbito internacional. Y aún alcanzaría mucha más al día siguiente, con una visita muy especial que nos anunciaron esa misma noche.

13

Una visita con estrella

Joaquín me despertó antes de que me sonara la alarma: «¡Corre, corre, que viene Richard!». En ese momento comprendí que no había sido un sueño. El actor venía a visitarnos. Había comprado víveres y alquilado un yate en la isla de Lampedusa. Su embarcación y la nuestra viajaban al encuentro, para recortar distancias.

No teníamos tiempo que perder. Joaquín se había quedado despierto hasta muy tarde para enviar material compactado a Torrespaña, donde montarían nuestro reportaje para *Informe Semanal*. Y aquella mañana se había despertado antes que yo para seguir mandando imágenes y entrevistas.

Antes de las diez, cuando ya llevábamos un buen rato trabajando los dos, Joaquín con la imagen y yo con el guion, me llegó al móvil una broma de Jorge: «¡Feliz día del orgasmo! Qué curioso que Richard os visite justo el día del orgasmo femenino». Me arrancó una carcajada, algo que intentaba siempre que podía.

El actor estadounidense llegaba por babor en un yate que había alquilado en Lampedusa, el Nessie 2, saludando desde la parte superior de la embarcación. Llevaba gafas de sol y una camiseta blanca con el logo en rojo de Open Arms. En el lateral había colgado una pancarta de tela con letras pintadas en azul marino, que decía: «*You are not alone*», no estáis solos, con un corazón debajo. Los rescatados intuían que aquella visita era importante. Su mirada, fija en el yate, denotaba una mezcla de incredulidad y desconfianza. La mayoría no sabía quién era. Como su nombre no les resultaba familiar, yo misma les había dicho a las mujeres que venía un actor muy famoso y guapo, y que esperaba que su visita nos ayudara a que el mundo pusiera sus ojos en aquel barco.

Tras una primera aproximación a nuestro buque, el yate tomó algo de distancia. El Open Arms bajó una de sus lanchas semirrígidas y varios socorristas fueron a recoger al actor y a Òscar Camps, un par de periodistas que los acompañaban y un montón de víveres. Entre aquellas vidas cargadas de dolor manteniéndose a flote en medio de la nada, costaba creer que aquello no fuera un espejismo. Pero no había duda… era él: allí estaba el mismísimo Richard Gere.

Cuando subió a bordo, llevaba puesto un casco y un chaleco de los que utilizábamos en los rescates y se había cambiado la camiseta blanca por una gris, como las que llevaban los voluntarios. Lo primero que hizo fue dirigirse a las personas rescatadas con el saludo budista, juntando sus manos e inclinando la cabeza, como muestra de respeto. Se quitó el casco y las gafas de sol, sin dejar de sonreír. Con él subieron Òscar Camps y Riccardo Gatti, de la ONG, con quienes había intercambiado mensajes, pero a quienes aún no había conocido en persona. Los saludé primero a ellos y después me presenté al actor. «Hola, Richard, soy Yolanda Álvarez, periodista de la televisión pública española, TVE. Bienvenido a bordo. ¿Qué tal estás?» Desde el primer minuto, se mostró cercano y amable, sin rastro alguno de vanidad. En cuanto vio a los voluntarios descargando los víveres, no dudó en unirse a la cadena para ir pasando paquetes y bolsas de comida, agua y otros suministros que ya escaseaban en el barco.

Al acabar con la descarga, se quitó el chaleco salvavidas y, sin pensárselo dos veces, se sentó en el suelo de madera para ha-

111

blar con los rescatados. Quise reflejar aquel gesto en mi crónica: «Viene de Hollywood, pero se sienta en el suelo, a su altura». Les preguntó en inglés cómo se encontraban. En su cálida mirada se adivinaba un interés que iba más allá del mero formalismo. Mr. Godwin fue el primero en contestarle. Richard posó su mano en la rodilla del nigeriano y escuchó su historia con atención. Después les explicó que había traído víveres y que sentía mucho la situación injusta e inhumana que estaban atravesando.

Cuando acabaron la conversación, le pedí al actor una breve entrevista. Teníamos que llegar con aquella crónica sin falta para el *Telediario*. La noticia de su visita iba en el sumario, lo que añadía más presión: no se puede anunciar una noticia y no darla después en el cuerpo del informativo. Para la entrevista, hinqué mi rodilla en tierra y me agaché para situarme a su misma altura. Lo primero que le pregunté fue qué había traído a un actor de Hollywood hasta aquel barco del que Europa se desentendía.

«El catalizador último que me ha hecho venir aquí fue que alguien me habló de la nueva ley italiana que convierte en delito ayudar a estas personas. No podía ni imaginar algo así. Crecí como cristiano, ahora soy budista; pero no puedo imaginar que Jesucristo estuviera contento con una ley que dice que es ilegal ayudar a la gente. No tiene sentido. Es una locura. Me avergüenzo de todo el planeta, de que sea ilegal ayudar a la gente», nos confesó sin alzar la voz, pero sin ocultar a la vez su indignación.

Sabía que su decisión de visitarnos había sido más o menos improvisada, pero no imaginaba que tanto. Al preguntarle en qué momento la había tomado, me contó que, al ver las noticias, habló con la ONG y no tardó más de diez minutos en decidirlo. Estaba en Roma y, sin pensarlo dos veces, se fue directamente al aeropuerto, sin equipaje. Era evidente que el proyecto de salvamento en el Mediterráneo que llevaba a cabo la ONG le había llegado al alma.

«La fuerza de la alta motivación que tiene Open Arms es muy poderosa. El poder del corazón es mucho mayor que el de una pistola», nos dijo con una emoción tan palpable como su convicción. Reconocí que su magnetismo iba mucho más allá de su atractivo físico: tenía un carisma y una humanidad admirables.

Richard pidió permiso para sentarse con las mujeres y me buscó para que le ayudara con la traducción. Quiso hablar con Amina, que sabía inglés, pero enmudecía cuando alguien intentaba indagar sobre sus vivencias. Le ayudé a intercambiar algunas palabras con las sudanesas, pero todas se mostraban cohibidas. Les sorprendía que un hombre famoso se dirigiera a ellas con tanta naturalidad y cercanía. Todavía en el suelo, entre las mujeres, el actor vio acercarse al padre de los bebés con uno de los pequeños en brazos y trató de romper el hielo con lo que les unía: sacó su móvil y le mostró la foto de su segundo hijo, un bebé de tan solo unos meses.

He de reconocer que entre mi falta de interés por la llamada prensa del corazón y la ausencia de tiempo libre para documentarme, apenas conocía detalles de la situación personal del actor. Aquel día descubrí que se había casado con una empresaria española, a la que casi doblaba la edad. Lo cierto es que, viéndolo al natural, nadie habría dicho que estaba a punto de cumplir setenta años. En ese momento, Richard nos anunció que su hijo mayor también iba a venir a visitarnos.

Sentí la espada de Damocles del *Telediario* sobre mis hombros y, aun a riesgo de parecer descortés, me excusé explicándole que se agotaba el tiempo para enviar la crónica a España. Joaquín y yo subimos corriendo al puente de mando, él a transferir la imagen y yo a escribir el texto. Poco después, el actor llegó y se sentó en el sillón del capitán. Mientras yo tecleaba en el ordenador, lo veía de reojo mirar su móvil. Estaba solo, nadie hablaba con él. Sabía que un famoso siempre infunde cierto respeto, pero tenerlo allí mismo y no charlar

113

con él me parecía desaprovechar una oportunidad dorada que la vida pocas veces te pone en bandeja. Como si hubiera leído mis pensamientos, al cabo de unos minutos se levantó y se sentó en el brazo del sofá en el que trabajábamos Joaquín y yo. Se interesó por cómo editábamos y enviábamos la pieza, y por nuestra experiencia a bordo. Richard creía que habíamos llegado al Open Arms después de los rescates, al calor de la noticia, y se sorprendió cuando le conté que llevábamos quince días durmiendo en ese buque. En ese momento saqué a la fan que todos llevamos dentro y le pedí si nos podíamos hacer una foto juntos. Él tenía la camiseta completamente transpirada. Entonces me di cuenta de que mi piel ya se había acostumbrado a aquel calor húmedo y pegajoso. Los dos sonreímos y, al ver la instantánea, me reconocí dichosa. Vino a mi mente la canción de un maestro que me ha acompañado desde mi infancia, Joan Manuel Serrat, «De vez en cuando la vida te besa en la boca». Nunca hubiera imaginado que en medio de aquella travesía viviría el momento de mayor glamur de toda mi carrera profesional.

Pero había que bajar los pies a tierra, nunca mejor dicho, y enviar nuestra crónica. Las circunstancias nos hicieron caer de golpe: la conexión de Internet funcionaba muy mal. Se notaba que con la llegada de Richard Gere, los periodistas que venían con él y más personal de la ONG, la wifi estaba muy concurrida y la velocidad de envío había descendido bruscamente. Fui detrás de todos intentando que se desconectaran de la wifi. Seguro que la tripulación y los voluntarios me recuerdan recorriendo todo el barco para pedírselo, sobre todo por las noches, cuando más gente utilizaba el móvil e Internet. Me esforzaba en explicarles que no bastaba con no utilizarla, porque las aplicaciones del móvil seguían funcionando para comprobar la recepción de mensajes y empleando el ancho de banda; por eso era importante que deshabilitaran la red en el móvil o el ordenador. Ante mi desesperación, al ver que a esa velocidad

114

el archivo no llegaría a TVE a tiempo de su emisión, Mauro tuvo una idea: desconectar por un momento un ordenador que siempre tenía que estar funcionando para recibir las emergencias. Así conseguimos que nuestra pieza con la entrevista a Richard Gere llegara. En la emisión del TD1, la presentadora informaba de que el Gobierno italiano le había pedido por carta al español que se hiciera cargo del Open Arms y nuestro ejecutivo le respondía que debería ir al puerto seguro más cercano.

El actor quiso participar en el reparto de comida y tomó un cuenco de cuscús con ellos. El menú de los migrantes y refugiados mejoró en cantidad y calidad. Por primera vez había fruta para todos. Esa tarde, el hijo mayor de Richard, Homer, llegó con su novia al Open Arms. Su padre le presentó a varios de los refugiados y los vi hablar y reírse con Daniel, el menor que había pronunciado aquella frase imborrable: «Necesito un lugar donde mi alma pueda descansar». Por un instante vi a Daniel recuperar su adolescencia y actuar como hubiera hecho cualquier otro joven: haciéndose un *selfie* con él.

Mientras Joaquín grababa algunas imágenes para la crónica de la noche, me subí al puente de mando para seguir con el guion. Pero a las cuatro de la tarde tuvimos que abandonar el lugar. A esa hora, Richard Gere iba a recibir una llamada de la Moncloa. Él había utilizado su nombre e influencia para conseguir hablar con el presidente del Gobierno en funciones, Pedro Sánchez, y pedirle que intercediera por el Open Arms. Nos bajamos todos a la cubierta de proa, desde donde se veía el puente de mando. Lo vimos hablar por teléfono durante unos quince minutos. Mientras esperábamos, Mauro nos invitó a un mate. Lo recuerdo porque me saqué una foto tomándolo desde la proa.

Puse un tuit, en el que indicaba que Richard Gere estaba hablando por teléfono con el presidente del Gobierno; pero en pocos minutos, Laura Lanuza, de Comunicación de la ONG, me pidió que lo quitara. El propio actor me lo había conta-

115

do en persona sin especificar que fuera una información *off the record* o pedirme que no se publicara. Solo nos pidió que no lo grabáramos. Aun así, accedí a quitarlo. Más importante que publicar una exclusiva en redes era mantener la ética, que confiaran en mí y contribuir en lo posible al desbloqueo de nuestra situación. Después lo hablé con Richard y me explicó que había sido una iniciativa suya personal que prefería que no trascendiera públicamente. Le pedí perdón por el malentendido y se mostró comprensivo. Si narro ahora lo sucedido es porque un tiempo después el propio Òscar Camps reveló públicamente esa información.

Esa tarde, mientras Richard le daba una lección de humanidad a su joven y apuesto hijo, entrevisté al fundador de Proactiva Open Arms, que hasta ese momento había hablado para casi todos los medios menos para TVE. Quise que fuera él quien, de viva voz, trasladara la reivindicación de aquella misión y de la ONG: «Yo pediría que la Comisión Europea intentara establecer un mecanismo continuado en el tiempo para poder evitar el sufrimiento de estas personas, que ya han sufrido y que tienen que estar una semana, dos semanas, tres, a la espera de que se les asigne un puerto seguro para desembarcar». Pensé que exageraba en el plazo de tiempo, pero su cálculo más pesimista sería el que acabaría por cumplirse.

Mientras el Open Arms lanzaba ese llamamiento con 121 rescatados a bordo, ese mismo día otro buque humanitario, el Ocean Viking, de Médicos Sin Fronteras y SOS Méditerranée, había rescatado a otras 85 personas a 60 millas de la costa libia. Entre ellas, había cuatro niños; el más pequeño, de un año. Salvini no había tardado en declarar que no les dejaría entrar en Italia.

Con la petición de Camps, la entrevista a Gere y la visita de su hijo Homer, ya teníamos material suficiente para la pieza del TD2. Solo faltaba un *in situ* en la cubierta. Con el actor y su hijo de fondo saludando a los rescatados, grabé este mensaje: «La visita de Richard Gere supone un llamamiento a la comunidad internacional para que desbloquee la situación de estas 121 personas rescatadas que llevan ya ocho días a bordo del Open Arms esperando un puerto seguro en el que desembarcar». Y Joaquín y yo nos pusimos manos a la obra para elaborar la pieza cuanto antes. Al comprobar otra vez la lentitud de la conexión inalámbrica, que auguraba mayores dificultades para nuestro envío, llegué a desear que, a pesar de todo lo bueno que nos traía aquella visita, Richard y su séquito abandonaran el barco cuanto antes.

Pedimos que nos avisaran para grabar su partida y despedirnos de él. Recuerdo que había una preciosa luz de atardecer. Richard no dejaba de sonreír y hablar con todos los rescatados que sabían inglés. Seguía sin parar de sudar. Cuando se estaba preparando con el chaleco para subirse de nuevo a la lancha que lo llevaría al yate, le dije: «Es curioso. Todo el mundo te admira por tu físico, por tu belleza exterior. Sin embargo, creo que la belleza de tu alma es mucho más poderosa». Esbozó una sonrisa, hizo una leve pausa y me contestó: «Tú sí tienes un alma bella. El esfuerzo que estáis haciendo para contar la historia y el sufrimiento de estas personas es digno de admiración. Gracias». Repitió el gesto que había hecho a su llegada, llevándose la mano al pecho. Su reacción me conmovió y humedeció mis ojos. Nos despedimos con un abrazo.

Aquella estrella de Hollywood brillaba con luz propia. Hay personas que con su mera presencia iluminan cada rincón, por oscuro que sea. Richard Gere había venido a visibilizar la situación de aquellos náufragos, pero también había traído con él algo más que víveres: fuerza y esperanza.

Por la noche me dijeron que me habían visto en unas imágenes emitidas en la CNN, con Richard Gere. Sentí orgullo de que aquellas declaraciones salieran con el micrófono de TVE. Definitivamente, su visita había dado la vuelta al mundo y había colocado al Open Arms en la agenda mediática

117

internacional. Todos a bordo de aquel barco confiábamos en que, después de su llamamiento, el mundo no podría quedar impasible. Nos equivocábamos.

A las diez de la noche, Joaquín y yo reemprendíamos nuestro trabajo para el reportaje de *Informe Semanal* que debía emitirse en menos de veinticuatro horas. Teníamos que incluir la visita del actor. Había sido un día de muchas emociones y nervios, y aún nos quedaba mucho trabajo por delante. Estábamos mentalizados. Pero todavía no sabíamos que la realidad nos volvería a sorprender.

En cuanto nos pusimos frente al ordenador —Joaquín, a compactar imágenes, y yo, a continuar escribiendo—, percibimos cierta agitación en el puente de mando. Despegamos la mirada de la pantalla y la dirigimos al capitán. Intuíamos a qué se debía. No era posible. Esa misma noche... No podíamos creerlo. Al momento, Marc nos lo confirmó: «Acabamos de recibir un aviso de emergencia».

14

Ali nos pone frente al espejo

*L*a alerta llegó por escrito. La había lanzado el Centro de Coordinación de Salvamento de Malta. El aviso indicaba que la embarcación en peligro se encontraba a unas 30 millas náuticas de nuestra posición, en la zona SAR maltesa. El Open Arms era el barco más cercano. El MRCC maltés, que había rechaza- do el desembarco de los últimos rescatados, pedía ahora ayuda al buque humanitario.

Los socorristas se prepararon y en unos minutos las dos lanchas rápidas salían hacia las coordenadas indicadas. Con la presión de tener que enviar nuestro *Informe Semanal*, Joaquín y yo no teníamos más opción que separarnos. Acordamos que él se fuera en la lancha a grabar el rescate y yo me quedaría para asumir el trabajo que esa noche íbamos a hacer entre los dos: escribir el guion en un ordenador, mientras compactaba y enviaba la imagen a Madrid desde el otro. Además, mientras trabajaba desde el puente de mando, podría seguir los acontecimientos al escuchar y ver de reojo al capitán coordinar la operación por radio con las lanchas y con la autoridad maltesa.

—Nosotros hemos copiado la posición 34° 29,6′ Norte, 012° 33,4′ Este. ¿Te diriges para allí? —preguntó el capitán a la segunda RIB, a la que llamaban Echo 3.

—Afirmativo. Me dirijo para allí —contestó por radio Majo.

Por cómo se había desarrollado el primer rescate y la búsqueda en el segundo, conocía bien el procedimiento. El capitán confirmaba las coordenadas con cada lancha: el primer dato era la latitud y el segundo, la longitud. Los socorristas las anotaban en una pizarra que había junto a los mandos de la lancha e introducían la posición en su ordenador a bordo. Cuando transcurrían unos minutos, Marc iba confirmando con Mauro y Majo, al frente de cada RIB, su posición. Comprobaba así que todo iba bien y que no perdían la comunicación por radio.

—Es el *target*. Estamos enfrente de ellos —comunicó Mauro por radio.

La Echo 1, la lancha que siempre era la primera en salir, no dio con la barca en apuros hasta las 0:50 horas. Mientras editaba y enviaba imágenes a Madrid, seguí como pude aquellas conversaciones. Después pude ver con mis propios ojos cómo se había desarrollado el rescate al visionar las imágenes que había grabado mi compañero Joaquín.

La RIB se aproximó a la embarcación, una barquichuela azul celeste que parecía de madera o de fibra de vidrio. Sus ocupantes iban amontonados. A simple vista, no parecía que entre ellos hubiera mujeres o niños.

—¡Necesitamos que os sentéis! ¡Sentaos todos! —les gritó Pancho—. ¿Quién habla inglés? ¿Nadie habla inglés?

—Sí, yo hablo inglés —contestó un chico con barba.

—¿Cómo te llamas? —preguntó el socorrista.

—Ali —respondió el joven.

—Ali, necesito que me ayudes. Somos una organización humanitaria y estamos aquí para ayudaros —le explicó Pancho desde la proa de la lancha.

En paralelo, por radio se desarrollaba otra conversación, que yo sí podía escuchar:

—Vale, ¿está parado? —se cercioraba el capitán desde el Open Arms, que repetía y confirmaba cada dato al menos una o dos veces a fin de evitar cualquier fallo en la comunicación.

120

—Afirmativo —le respondía Mauro, que procedía a describir la situación del bote localizado—. Está sobrecargado, habrá alrededor de unas cuarenta personas, está un poco apopado y también escora sobre su banda de estribor.

—Si no hay nadie en el agua, no actuamos. No actuamos —insistía Marc desde el puente de mando, consciente de la delicada situación del buque humanitario y de que cualquier decisión mal tomada o precipitada podía derivar en un problema que podía llevarlo ante la justicia—. Vamos a enviar un *e-mail* a Malta.

La jefa de misión, Anabel, se encargaba de la comunicación escrita con las autoridades marítimas. Mientras ella tecleaba describiendo la situación, para preguntar cómo operar al MRCC maltés, a más de 40 kilómetros Pancho seguía intentando mantener el ánimo y el orden en la embarcación en apuros.

—Tened paciencia, por favor. Dios os bendiga, chicos —dijo a los migrantes. Uno de ellos, muy joven, sacó sus piernas, quizás entumecidas, por un lado del bote. Pancho le advirtió—: ¡Eh, tú! Por favor, mete las piernas dentro. ¿Hay agua dentro del bote?

—No, no hay —le dijeron.

Tras la primera respuesta del MRCC al *e-mail* enviado por Anabel, el capitán dio una orden a la Echo 1:

—Open Arms a Echo 1. Repartid chalecos y no rescatéis. Repito: no rescatéis.

—Recibido, Echo 1. Repartimos chalecos y no rescatamos —contestó Mauro.

—Sentaos. Os los daré a algunos de vosotros y los vais repartiendo, pasándolos hasta que cada uno tenga uno. Chicos, poneos los chalecos. ¿Todo el mundo tiene su chaleco? Seguid sentados. Por favor, ese chico de pie, que se siente. ¡Eh! ¡Siéntate! ¡Ahora! ¡Siéntate! Es por vuestra estabilidad, podéis perder el equilibrio —iba indicando Pancho a los migrantes, mien-

121

tras él y Fran repartían los salvavidas naranjas y se aseguraban de que cada uno se había puesto el suyo.

Enfrascada en mis compactados y envíos de imagen, escuché la voz de Majo por radio: «Hemos llegado al punto. Estamos junto a Echo 1 y la embarcación». Las dos lanchas rápidas ya estaban delante del objetivo, por si había que proceder al rescate.

En medio de la oscuridad y con el motor parado, el oleaje zarandeaba con fuerza la barquichuela, cada vez más escorada. Muchos de los náufragos parecían mareados. Durante la espera, al menos un par de ellos se inclinaron para vomitar fuera de la barca.

—Ali, necesitamos que tengáis paciencia —dijo Pancho.

—OK, no hay problema —contestó Ali.

—No podemos hacer esto sin autorización. Pero estáis a salvo. Tenéis dos equipos de rescate aquí. Todo el mundo lleva chaleco, así que todo irá bien. Solo relajaos. Por favor, tradúceselo a los demás —le pedía Pancho al joven que hablaba inglés, tratando de calmar sus ansias por que aquel molesto sube y baja cesara cuanto antes.

—Aparentemente las personas no observan agua dentro de la embarcación —reportaba Mauro al capitán del Open Arms—. Nosotros sí vemos la entrada y salida de agua por la popa en dos orificios que hay en las bandas y en uno que hay en el espejo.

Aquellos orificios se podían ver en las imágenes que grabó Joaquín desde la Echo 1. Desde el puente de mando, la jefa de misión y el capitán estuvieron más de una hora intercambiando mensajes con el Centro de Coordinación maltés. La autoridad marítima decía que su equipo de salvamento no podría llegar hasta al punto de la embarcación en peligro hasta pasadas unas siete u ocho horas, y pedía que las lanchas del Open Arms permanecieran en su posición, junto a la patera, hasta su llegada. Después de un largo tira y afloja en el que explicaron

122

al MRCC la situación de mala mar, con aquellos náufragos exhaustos y mareados en un bote que se escoraba, el Open Arms consiguió el permiso para traerlos a bordo y poder proporcionarles además de agua y comida, la estabilidad y seguridad del buque, hasta que la Guardia Costera maltesa pudiera venir a por ellos. Con la autorización expresa, Marc ordenó a la Echo 1 que procediera al rescate.

—Empezaremos a embarcaros en nuestra lancha —anunció Pancho a los náufragos.

Con la luna en cuarto creciente sobre el horizonte, la RIB aproximaba su proa con mucha cautela al estribor de la barquichuela atestada para evitar que se desestabilizara aún más y volcara. El primero en subir fue el joven que había sacado sus piernas de la embarcación. Uno a uno, con el chaleco salvavidas puesto y con la ayuda de los socorristas, los chavales y los hombres fueron pasando a la lancha semirrígida, más estable. La Echo 3, situada a unos metros a babor, alumbraba con su foco la operación. Cuando la Echo 1 se llenó, Majo acercó con la misma precaución la Echo 3 y los que quedaban en la patera se fueron subiendo, con la ayuda de Héctor y Panamá.

Sobre las tres de la madrugada, las dos lanchas volvían al Open Arms con 39 rescatados más. En cuanto oí que se acercaban, salí del puente de mando a grabar un vídeo con mi móvil desde arriba y bajé a la cubierta de popa, en la que casi todo el mundo estaba despierto. Se había despejado un pasillo entre la zona de las mujeres y los hombres para acoger a cada uno de los nuevos rescatados.

Algunos no tenían fuerzas suficientes para darse el impulso necesario para subir de la lancha al buque. Erri, Carliños y otros miembros de la tripulación los ayudaban tirando de su brazo. Muchos parecían aturdidos y les costaba mantener el equilibrio. Algunos se tuvieron que sentar en el suelo. El médico y la enfermera anotaban su nombre, edad y origen en una lista, y les iban poniendo un brazalete con el número asignado.

123

Los de los primeros rescates eran azules y amarillos; estos, grises. Yo les entregaba una botella de agua y otros voluntarios les repartían barritas energéticas.

Los pasajeros que llevaban más de una semana en aquella cubierta observaban la escena con curiosidad y cierta preocupación: en aquel limitado espacio iban a tener que convivir 160 personas. Aun así, aplaudieron al verlos llegar y muchos les chocaban la mano o les daban un abrazo como gesto de bienvenida. Nadie mejor que ellos sabía cómo se podían sentir en ese momento.

Desde que subió a bordo, mareado y tratando de no perder el equilibrio, me fijé en él. Era un joven alto, con barba y la piel clara. Llevaba una chaqueta de chándal roja y azul marino. Le ofrecí sentarse en un banco de madera y le di agua. Él me dio las gracias en perfecto inglés y dibujó una amplia sonrisa. A pesar del abatimiento, se le veía contento, como quien es consciente de que ha vuelto a nacer.

Cuando todos estaban a salvo en el Open Arms, me dirigí a él. Le pregunté si ya se encontraba mejor y me aseguró que sí, con otra enorme sonrisa. Me presenté como la periodista a bordo y él me contó que había llegado desde Homs, en Siria. En ese momento, me acordé del niño sirio ahogado en la playa turca. Me rasgó el alma que alguien que huía de un conflicto armado llegara a Europa por esa vía. Le pedí si, a pesar del cansancio, le podía hacer una breve entrevista. El chico no dudó en aceptar y en darme su nombre completo: Ali Maray. Solo semanas después, al visionar en Madrid las imágenes del rescate con el que abriríamos el reportaje de 40 minutos para *En Portada*, descubriría que era él, el mismo Ali que había ayudado al socorrista traduciendo del inglés al árabe durante la operación de salvamento.

De pie, descalzo y con la ropa aún mojada, el sirio de veinticinco años empezó a narrarme su periplo: «Salí de Siria hace dos años. No podía soportar la guerra que había allí, las matanzas, las masacres que ocurrían en Siria. Estaba estudiando en la universidad, yo era pacífico con todo el mundo, pero siempre hay gente mala en cada bando de los que se enfrentan en Siria. Y no quería unirme a ninguna facción y luchar por un sinsentido. ¿Matarse unos a otros para qué? No lo entiendo. Así que dejé Siria para vivir mi vida en paz. Sin guerras, sin matanzas, viendo sonrisas en las caras. Quiero solo eso: ver sonrisas. Al salir de casa por la mañana, ver a gente sonreír es mejor que ver a gente llorando por perder a sus hijas, sus hijos, sus seres queridos. Por eso me marché de Siria».

La sonrisa, pensé, lo que tanto me había llamado la atención en él, era su verdadero anhelo. Se había jugado la vida en aquella peligrosa travesía por recuperarla. Era el primer refugiado que me daba esa razón, poderosa y necesaria, pero que pocos en sus condiciones reivindican. Ali continuó su relato sin pausa: «Fui a Sudán, que ahora está como Siria. Me marché de Sudán a Libia. Me dijeron que allí podría trabajar en paz, pero cuando llegué allí, la guerra se recrudeció. No me quedó otra alternativa que venir a Europa de esta forma. No quería hacerlo así, pero me vi obligado. Era lo único que podía hacer por salvar mi pellejo. Y hay mucha gente en Siria en la misma situación, pero ellos no tuvieron la oportunidad o no pudieron hablar con alguien que les ayudara con esto». Ese pronombre demostrativo, esto (*this*, dijo él, en inglés), encerraba todo el problema que estaba sacando a la luz aquella misión del Open Arms: la huida de miles de personas de sus lugares de origen, a través del caos en que se había convertido Libia, para tratar de llegar como fuera a un lugar seguro.

Aunque imaginaba su respuesta, al detener la narración, le pregunté qué buscaba en nuestro continente. «No buscaba ir a Europa persiguiendo el sueño europeo o algo así. Solo quería vivir en paz y seguir estudiando en la universidad. De hecho, no quiero perder mis estudios universitarios por el mero hecho de vivir en Europa. Lo que quiero es licenciarme, vivir como

cualquiera, solo una vida sencilla y crear algo para mi vida»,
me respondió el joven, con esa mezcla de orgullo y dignidad
que he reconocido en muchos árabes.

Le pedí que me describiera cómo había sido su travesía por
el Mediterráneo hasta el momento del rescate. No sabía el lugar exacto desde el que habían zarpado en Libia, pero creía que
era cercano a la frontera con Túnez. El viaje había durado entre
22 y 24 horas. «No imaginaba que sería así, porque fue como
un suicidio. Nos perdimos en el mar, sin agua, sin comida, sin
nada con que subsistir durante un día. Vi a gente pasando hambre y bebiendo del mar, por la sed que tenían. He visto muchos
problemas en Siria, incluso matanzas, pero nunca he visto algo
así», recalcaba Ali, tratando de describir la desesperación durante esas eternas 24 horas.

Aquel chico hablaba sin tapujos y decidí aprovechar su fluidez en inglés para que me diera más detalles de cómo funcionaba aquella migración irregular con la que los traficantes
se estaban lucrando. Él, nuevamente, quiso aclarar que había
viajado de forma irregular porque no había podido hacerlo re-
gularmente, a pesar de tener derecho al asilo o refugio, por
huir de un lugar en guerra: «Primero de todo, yo iba a Libia,
no a Europa, para trabajar allí. Intenté entrar de forma legal,
pero cerraron la puerta a los sirios. No hay forma de entrar en
Libia de una forma legal. Así que me vi obligado a ir de forma
ilegal, por el desierto entre Sudán y Libia. Lo pagué en dinero
sudanés, pero en dólares serían de 400 a 600». Interrumpí su
narración para confirmar la cifra y le pedí que siguiera.

«Tenía algo de dinero en el bolsillo. Gasté todo lo que tenía,
porque de camino, al llegar a Libia, cambiaron de decisión. Fue
una especie de secuestro, pero te diría que de una forma amable.
Me dijeron: Tienes que pagar más porque la policía nos pidió
mucho dinero y no podemos dejarte aquí si no nos pagas. Intentaban hacerse los buenos. Me vi obligado a hacerlo. Luego solo
tenía esa cantidad de dinero, así que lo pagué para cruzar el mar.

Fue como unos 1.300 dólares», me contó. Y como si su mente lo hubiera devuelto a Libia y, de repente, se diera cuenta de que lo habían rescatado, su cara se iluminó y prosiguió: «He sobrevivido, no solo me he salvado, es mejor que eso. Eso es lo que pienso, que he sobrevivido. Y me pregunto por qué los países no abren sus puertas a los sirios; no solo a los sirios, sino a todos los civiles que sufren las guerras. Podéis hablar con ellos y ver qué les ocurre y luego decidir si los aceptáis o no. Eso es lo que no entiendo. ¿Tú sí?». Y su boca volvió a esbozar una enorme sonrisa.

Apagué el micrófono de mano y le dije: «No, yo tampoco lo entiendo. No debería ser así». Recordé entonces que los sirios habían sido el pueblo más solidario en su acogida de los palestinos desde 1948 y cómo, después de la Segunda Guerra Mundial, Siria, Palestina y Egipto habían dado refugio a miles de europeos que huían de la contienda. No, yo tampoco lo entendía. No era justo.

Finalizada la entrevista con Ali, le pedí a Joaquín que se fuera a dormir. Yo me quedé compactando imagen y enviándola por Internet hasta las cinco de la madrugada. Aquella maratoniana jornada de trabajo, que había arrancado con la mágica visita de Richard Gere, terminaba con 39 personas rescatadas más a bordo y con la historia de un refugiado sirio golpeando mi mente y mi conciencia. Necesité al menos una hora más para calmarlas y lograr dormir. 127

En los siete minutos que duraba aquella entrevista, Ali no solo nos había aportado algunas claves sobre el tráfico ilegal de personas; también, y sobre todo, nos obligaba a mirarnos al espejo. Sentí una rabiosa tristeza. Y eso que aún no sabíamos lo que el destino le tenía reservado a bordo del buque y, peor aún, al pisar tierra firme.

15

Tensión a bordo

Tres horas de sueño. No había tiempo para más. A las diez de la mañana, estaba haciendo la crónica para el Canal 24 Horas de TVE. Joaquín había madrugado y seguía enviando imagen a Madrid para el reportaje de *Informe Semanal* que se tenía que emitir esa misma noche. Teníamos que incluir el último rescate.

A primera hora, mi compañero había grabado cómo los 39 últimos rescatados se ponían el chaleco y se preparaban para cuando viniera a por ellos la Guardia Costera maltesa. El Open Arms había solicitado a las autoridades de ese país que llevaran a puerto a las 160 personas que llevábamos a bordo, pero el MRCC de Malta respondió que solo se hacía cargo del rescate que había coordinado, el de esa madrugada, con 39 hombres adultos y jóvenes.

Esa mañana llegó una patrullera maltesa que traía la orden de recoger solo a los 39 y que tampoco tenía capacidad para transportar al resto. El Open Arms insistió, aduciendo la dificultad de que los 121 migrantes y refugiados que llevaban nueve días a bordo lo entendieran y aceptaran. El capitán, Marc Reig, lo justificaba así ante nuestro micrófono: «Es muy difícil explicarles por qué alguien que ha sido rescatado hace unas horas va a pasar delante y lo van a llevar antes a un puerto seguro que a ellos. Esta situación provoca que pueda haber un motín, una rebelión y afectaría a la seguridad del barco». El buque humanitario se ofreció a esperar a que enviaran un barco de mayor capacidad, pero la autoridad marítima maltesa rechazó nuevamente la petición y dio un ultimátum: o se llevaban solo a los 39 o no desembarcaban a ninguno.

Incluimos ese tira y afloja en nuestra crónica para el TD1, pero decidimos dar más protagonismo a las potentes imágenes del rescate y a la historia de Ali. También subrayamos algo que me llamó la atención: entre aquellos migrantes, unos cuantos eran de origen magrebí. Habían preferido jugársela desde Libia antes que cruzar el Estrecho de Gibraltar.

Nuestro relato se completaba en el *Telediario* con declaraciones de la rueda de prensa que ese día daban desde Lampedusa Richard Gere y el director de Proactiva Open Arms. Òscar Camps expresaba la postura de la ONG —o Malta se los llevaba a todos o a ninguno— y resumía su determinación: «Ningún decreto, ni multa, ni *codice* de conducta, ni político evitará que protejamos la vida humana en el mar». El actor estadounidense dijo estar profundamente conmovido por las historias de gran sufrimiento que había conocido a bordo del Open Arms: «Son personas extraordinarias, muy fuertes. Han pasado por un auténtico infierno en Libia, han tenido que soportar horrores, las mujeres probablemente más que nadie. Todas han sido violadas, generalmente más de una vez». Richard Gere también arremetía contra el decreto de Salvini que multaba a las oenegés por salvar vidas. El ministro del Interior italiano pedía la noche anterior al Gobierno español que se quedara con los migrantes rescatados, con una de sus habituales provocaciones: «En ocho días, esta nave española podía haber ido y vuelto a Ibiza y Formentera tres veces». Desde España, le contestaba la vicepresidenta del Gobierno en funciones, Carmen Calvo: «Nosotros cumplimos todas las normas y cada día le salvamos la vida a mucha gente en el Estrecho» e instaba a los demás países europeos a seguir el ejemplo español.

129

Era sábado, el día de emisión de *Informe Semanal*. Teníamos que llegar a tiempo como fuera. A las cuatro de la tarde había acabado el guion y enviábamos el último fragmento de mi voz en *off* y la imagen más reciente para nuestro reportaje, que se titularía «Náufragos sin puerto». Primer reto conseguido. Pero no podíamos relajarnos: el *Telediario* nos pedía una pieza para la noche.

El Open Arms tiró de la cuerda y perdió el pulso con las autoridades maltesas. Aquella sería una decisión muy criticada y poco comprendida por la opinión pública y, sobre todo, por los 39 rescatados, que perdieron su oportunidad de desembarcar ese mismo día en Malta.

La cubierta del Open Arms quedaba así mucho más concurrida. Había sido una noche agitada y algunos intentaban dormir durante el día. Moverse por allí empezaba a resultar complicado incluso para nosotros. Con la falta de espacio, empezaron a surgir los primeros roces.

Kingsley, un hombre de Nigeria, nos pidió que escucharan su voz: «Le ruego a la Unión Europea que tenga piedad de nosotros, que nos deje desembarcar. Todo el mundo se siente incómodo, unos se pelean con otros, uno puede molestar a otro y se enfada e intenta luchar, porque todos estamos apretados aquí». La recogimos en nuestra crónica. A continuación, el *Telediario* también informaba de que el buque Ocean Viking había rescatado ese día a otras 80 personas. Ya llevaba a 165 a bordo, en una nave bastante más grande que el Open Arms.

Cuando empezó el *Telediario*, por fin Joaquín y yo pudimos empezar a respirar. Bajamos a cenar e intentamos ver *Informe Semanal* en directo a través de Internet, pero después del primer minuto del reportaje, se colgó. El arranque nos había parecido muy bueno. Nuestros compañeros en Torrespaña lo habían cuidado mucho, a pesar de las prisas y las condiciones de trabajo. Óscar, el director del programa, llamó para felicitarnos y recibimos otros mensajes que nos hicieron olvidar el cansancio. Con esa energía, después de cenar, estuve fregando las cazuelas del arroz, algo que siempre hacían los voluntarios. Aquellas ollas eran enormes y pesadas, difíciles de manejar, apenas cabían en la pila de la cocina. Al acabar, estaba empapada en sudor. Después de la ducha, el agotamiento me cayó como una losa. Había dormido muy poco la noche anterior; sin embargo, el estrés de los últimos días me mantuvo activa y despierta hasta pasada la una de la madrugada.

A la mañana siguiente, mientras me preparaba en el camarote, busqué refugio en la música. Fue algo instintivo. Después del sobreesfuerzo físico y mental, necesitaba recobrar algo de energía, lo que en mi tierra decimos *reviscolar*, un verbo que si se traduce como revivir resulta exagerado, pero si se entiende como reavivarse o reanimarse, se queda corto. Busqué una de esas canciones que tiran de mí desde los primeros compases y elegí «Sin llaves», de El Último de la Fila. Sí, en aquel momento yo también me sentía «sin llaves a las puertas del instante».

Esa mañana, Mario, el jefe de máquinas, nos contó que se había estropeado la potabilizadora. Joaquín y yo pensamos que era un asunto que podíamos tratar en nuestra crónica para el TD1: el agua potable era un recurso esencial y, a la vez, un tema que nos permitía ejemplificar las dificultades del día a día con 160 personas a bordo, además de la tripulación.

Bajamos con Mario a la sala de máquinas, a la que se accedía por una escalera de hierro muy empinada. Él nos condujo por un pasillo al que teníamos que acceder agachados y en el que había pintados varios grafitis con frases que brillaban como un oasis en aquel oscuro lugar de ruido atronador. A pesar de las estrecheces, logramos encontrar un rincón junto a la desalinizadora en el que el jefe de máquinas nos explicó de forma sencilla en qué consistía la avería: «A la potabilizadora se le ha roto una pieza de goma, le hemos hecho una reparación provisional a la avería y veremos cuánto tiempo nos dura».

En la cubierta del Open Arms se repartía con cierta frecuencia agua potabilizada por aquella máquina. Con aquel calor húmedo y sofocante era muy importante hidratarse. Y desde la víspera había 39 personas más con las que compartir los suministros.

Quienes llevaban diez días en la cubierta veían cómo con la gran concentración humana y la espera en alta mar, sus precarias condiciones empeoraban. No disponían de duchas y solo había dos retretes que utilizar entre los 160. La mayoría llegaba con lo puesto y apenas tenía ropa para cambiarse. Los pocos que tenían un par de camisetas o prendas para cambiarse, las lavaban y las tendían en las cuerdas que amarraban el toldo a la popa. Algunas mujeres me pedían pastillas de jabón para lavar o asearse. Lamenté no llevar ninguna de las que solemos dejar sin usar en los hoteles y que para aquellas personas hubiera supuesto un valioso tesoro. Igual que un kit de higiene dental: se lavaban los dientes frotándose con los dedos y agua. Diez días en aquellas circunstancias, durmiendo en el suelo, a la intemperie, y ahora hacinados, eran razones suficientes para que su malestar aumentara.

Osas Friday, un nigeriano al que había visto bailar, cantar y saludarme siempre con una sonrisa, tenía la mirada triste y el ceño fruncido. Me pidió que grabáramos su súplica: «Podéis ver cómo desde hace diez días la gente está enfermando cada día, nos sentimos infelices. Por favor, os ruego que nos desembarquéis antes de que la situación empeore aún más. Os lo ruego a la Unión Europea y a Italia, por favor». La incluí en nuestra pieza y apostillé: «Una petición a la que ningún gobierno responde».

Aquel domingo era el Eid al Adha, la fiesta del sacrificio, una de las principales festividades para los musulmanes, que se suele celebrar en familia, comiendo cordero y estrenando ropa. Caí en la cuenta un par de días antes, charlando con las mujeres sudanesas. Dado que había una mayoría musulmana, la tripulación y los voluntarios intentaron mejorar la comida, acompañándola de una salsa con carne y guisantes, y de fruta. Para evitar el caos y que se agolparan, la distribución se empezó a organizar por el color y el número del brazalete. En el reparto de azúcar y sal, yo les felicitaba en árabe y seguía buscando sus sonrisas, cada vez más escasas.

Amin, de Etiopía, que llevaba con él un Corán, se lamentó de tener que pasar aquella festividad allí: «Hay muchos musulmanes aquí que están celebrando el Eid en el barco, imagínate... ¡en un barco! No hay nada aquí, ni buena comida. Ni siquiera nos cambiamos de ropa».

Después de comer, un chico africano que estaba tumbado en el suelo empezó a revolverse y agitarse. Parecía que le faltara el aire. El médico lo atendió rápidamente y apartó de él a algunos de los rescatados, que intentaban tocar al chico o sujetarlo para ver si reaccionaba. Había que dejarlo respirar tranquilo. Estaba teniendo un ataque de ansiedad.

No era el primero en sufrirlo. La espera y la incertidumbre generaban un inevitable nerviosismo, que se manifestaba cada vez con más frecuencia en ataques de pánico o ansiedad. Cuando se producían, el doctor los atendía; pero les quitaba hierro. Sabía que tenía pacientes mucho más graves: «Tenemos tres casos que necesitan atención médica hospitalaria: se trata de una neumonía, una tuberculosis pulmonar y una complicación derivada de un tumor cerebral, que a pesar de que les hayamos dado tratamiento a bordo han empeorado y necesitan un tratamiento hospitalario», nos dijo Iñas frente a la cámara.

Ante su agravamiento, el médico redactó un informe con la situación de los tres. La jefa de misión, Anabel, lo adjuntó en su petición de evacuación de emergencia a los Centros de Coordinación de Salvamento de Italia y Malta. El médico de Lampedusa la autorizó, pero no se sabía cómo se llevaría a cabo la evacuación. En un principio, el MRCC de Italia se haría cargo solo del enfermo que viajaba solo y los dos que iban acompañados de familiares tendrían que ser evacuados por Malta.

Cuando estaba intentando confirmar con Anabel lo que se sabía hasta el momento, recibí una llamada de la redacción de

Madrid en la que me informaban de que Proactiva Open Arms había anunciado que si no se autorizaba en breve el desembarco de las 160 personas, se verían obligados a entrar a puerto con o sin autorización. Òscar Camps había declarado en la radio catalana RAC1: «La estabilidad emocional a bordo del Open Arms comienza a ser difícil. Si no, acabaremos teniendo que entrar en puerto por motivos humanitarios, con todos los problemas y trabas administrativas y burocráticas, de bloqueos y multas». Aunque subrayaba que aquella era la última opción. Vi que la ONG lo había publicado en Twitter, pero nadie me lo había dicho ni comentado, a pesar de que sabían que era un tema primordial. Al conocer aquellas declaraciones por mis compañeros y no por la ONG o por alguien del barco siendo el único medio de comunicación a bordo, me sentí muy molesta. No era la primera vez que ocurría. Durante aquella cobertura, *El País* y algún otro medio se nos adelantaría con alguna que otra información proporcionada por la ONG que no se nos había facilitado a nosotros.

Como ya había percibido cierta tendencia a la exageración en algunas declaraciones de Òscar Camps, decidí preguntarle a la persona que tenía que llevar a cabo esa entrada a puerto bajo su responsabilidad y que sería la primera en asumir las consecuencias legales: el capitán del barco. Marc Reig, que ya tenía una causa abierta, me aseguró que él no iba a entrar a ningún puerto sin autorización. Le creí. Al primero que detendrían, si lo hacía, sería a él. Llamé a Madrid y les dije que creía que aquello era una táctica comunicativa de la ONG para reclamar la atención de la opinión pública, pero que el Open Arms no iba a entrar por la fuerza a ningún puerto.

En el *Telediario* de la noche, el presentador y editor Lluís Guilera contaba tras nuestra crónica que el buque humanitario Ocean Viking, de MSF y SOS-Méditerranée, había efectuado su tercer rescate en tres días y llevaba a bordo a 251 personas. Tampoco pensaban devolverlas en ningún caso a Libia.

Justo después del TD2, la Guardia Costera italiana vino a evacuar de emergencia al chico con tuberculosis pulmonar en estado grave. Era un joven eritreo que, a pesar del calor, yacía con una manta y llevaba puesta una mascarilla para evitar contagios. Los sanitarios que subieron a bordo del Open Arms le pusieron un mono de plástico blanco como el que ellos llevaban y se lo llevaron en una camilla. Justo antes de que lo pasaran a su lancha, el chico levantó su débil mano. Fue su despedida. En efecto, Italia no aceptaba hacerse cargo de los otros dos casos que requerían atención hospitalaria y que iban acompañados de familiares.

Después de la evacuación me dirigí al comedor y a la cocina. No había nada que, por mis intolerancias alimentarias, pudiera cenar. Corté un trozo de pan y me fui al camarote. Abrí uno de los paquetes de jamón que había traído como provisiones de emergencia. Me hice un bocadillo y busqué un lugar en el que poder comerlo a solas. En el camarote hacía demasiado calor y necesitaba tomar aire fresco. Me fui a la cubierta de proa y me senté en un banco metálico a dar cuenta de mi cena. Desde el puente de mando me veían, pero al menos allí no me cruzaba con nadie. Me sentía cansada y malhumorada. Necesitaba algo de intimidad y serenidad. Me llevé el móvil y vi que tenía varios mensajes que mostraban preocupación: «¿Estás bien? Se te ve cansada y más delgada». Traté de calmar a mis seres queridos, a la vez que desahogaba parte de mi malestar. Mientras chateaba con ellos, sobre las once y media de la noche oí mucho jaleo procedente de la popa y me fui a ver qué ocurría.

Había habido una pelea. La masificación empezaba a generar disputas. «La razón por la que la gente se está peleando es la falta de espacio. Durante el día, nadie se pelea, pero por la noche no hay espacio para dormir», me explicó Mussa, el joven que había propinado un puñetazo a un egipcio que, según su versión, quería arrebatarle su sitio para dormir.

Los voluntarios intentaron calmar la situación. Cogieron

135

el micro y, conscientes de que las condiciones eran muy precarias, pidieron a todos que pusieran de su parte para evitar conflictos. Ali, el joven sirio, ayudó en la traducción al árabe y también a transmitir el necesario mensaje de calma. Era evidente que no había espacio para todos y eso aumentaba la tensión a bordo. Anabel y Marc decidieron habilitar la cubierta de proa, en la que acababa de tomar mi bocadillo, para trasladar allí a parte de los rescatados. Entre los últimos 39, en solo un par de días algunos ya habían protagonizado algunos enfrentamientos. Los magrebíes —marroquíes y argelinos— se ofrecieron para mudarse allí. La jefa de misión y el capitán sabían que aquella era una solución provisional, porque en cuanto arreciara el temporal, las olas llegarían a la cubierta de proa y allí no habría cómo resguardarse.

Después de la reconfortante ducha, me quedé hasta tarde hablando con Joaquín sobre cómo organizar el trabajo. Teníamos un nuevo encargo. Ese día me había llamado mi jefe, José Antonio Guardiola, el director de *En Portada*. No parecía que Libia nos fuera a conceder visados. Tampoco sabía cuándo íbamos a poder regresar para hacer el siguiente reportaje: el desembarco no parecía próximo. Y aunque no estaba en los planes iniciales del programa, consideramos que aquella travesía a bordo del Open Arms estaba tomando cuerpo suficiente para hacer un reportaje de 40 minutos. Puesto que estábamos cubriendo aquella misión para los telediarios y para *Informe Semanal*, había que buscar un nuevo enfoque y profundizar en algunas historias que nos permitieran adentrarnos mejor en la realidad libia. Pero ya lo abordaríamos al día siguiente. Mis neuronas no daban más de sí. Cuando apagué la luz, eran las dos de la madrugada. Sentí que aquella tensión que flotaba en el ambiente nos acechaba a todos.

136

16

El infierno libio

*E*l conflicto se recrudecía en Libia y, después de nuestras crónicas repletas de desgarradores testimonios de quienes huían de allí, parecía cada vez menos probable que la Embajada libia en Madrid tramitara nuestros visados. La última llamada de Producción de *En Portada* a la legación diplomática se había zanjado así: «No vuelvan a llamar. Si contestan a la petición desde Trípoli, ya les avisaremos». Nunca hemos recibido respuesta.

Sin duda, entrar en aquel agujero negro al que la prensa extranjera tiene un acceso muy restringido constituía un reto para cualquier reportero; pero me preguntaba si, una vez allí, hubiera conseguido encontrar quien me hablara abiertamente de los abusos que se cometían sin poner por ello su vida en peligro. Teníamos un gran inconveniente: hablábamos de Libia sin estar allí y sin poder mostrar apenas imágenes del país. Pero también contábamos con una ventaja: quienes viajaban a bordo del Open Arms habían logrado salir de un infierno al que no pensaban volver jamás. Y eso les permitía hablar sin miedo.

Libia es un estado fallido, sumido en el caos y en una enmarañada guerra civil desde 2011. El año de la llamada Primavera Árabe, la intervención de la OTAN permitió que los muy diversos grupos rebeldes que combatían pusieran fin a los 42 años de dictadura del excéntrico Muamar el Gadafi. Desde 2015, se disputan este territorio, plagado de milicias y grupos armados, dos gobiernos. El oficial, encabezado por Fayez Al Serraj, cuenta con el respaldo del Consejo de Seguridad de la ONU, la Unión Europea y los países vecinos; pero apenas controla la capital, Trípoli, y algunas poblaciones del oeste del país. El resto del territorio y la mayor parte de los recursos petroleros están controlados por el mariscal Jalifa Hafter, que en abril de 2019 lanzó una ofensiva para intentar arrebatar la capital al oficialista Gobierno de Unión Nacional. En medio de ese caos y vacío de poder, los grupos criminales que se dedican al tráfico ilegal de armas, petróleo y personas hacen su agosto.

Sobre el negocio montado en torno a la migración irregular, el joven sirio me había dado algunos datos la noche de su rescate, de pie y con la ropa aún mojada. Sentados y con más tiempo, le pedí que me contara con más detalle cómo había sido su periplo, a fin de saber qué ruta utilizaban los traficantes para llevarlos de África a Europa. Ali Maray intentó migrar legalmente como refugiado a Canadá y a Australia, pero nunca respondieron a su petición. Cansado de esperar, había huido del conflicto en Siria hacía dos años a través del único país que no le exigía visado: Sudán. Me contó que tuvo que abandonar aquel país africano cuando empezaron a secuestrar a extranjeros: «Así que me marché de Sudán a Libia. Me dijeron que era de forma legal, que podía entrar por un lugar donde me sellarían el pasaporte y que podía conseguir el visado allí mismo, por ser sirio. Pero después me llevaron por otro camino. Cuando les dije que aquella no era la carretera, me respondieron que se trataba de un atajo. Al llegar a Libia, les dije: aquí no hay ningún cruce fronterizo. Me contestaron que no necesitaba ningún sello, que ya estaba en Libia».

Había entrado por la provincia de Al Kufra, en el sureste del país magrebí. Ali siguió narrándome su viaje sin escatimar detalles: «En el lugar en el que estaba, una especie de hangar, vi que había muchos somalíes. Los ponían juntos y empezaban a pegarles con un látigo. ¡Pagad dinero, pagad dinero!, les gritaban. Y tenían que llamar a sus familias para pedirles dinero. Cuando me senté con ellos, les pregunté qué cantidad habían pagado. Me dijeron: "Mil dólares por llegar hasta allí, pero aquí nos piden 8.000 y si quieres cruzar el mar tienes que pagar otros 8.000." ¡A los somalíes les piden 16.000 dólares por cruzar el mar! Con muchos latigazos en la espalda. Era increíble. Quise salir pitando de allí. Sentí miedo. Al que me dijo que me llevaría a Trípoli, le pedí salir para ir al supermercado, pero me dijo que no por mi seguridad, que iban a pensar que era del Dáesh por ser sirio. Me estaba mintiendo, lo supe después. Estuve allí ocho días. El noveno nos llevó en una *pick-up* a un lugar llamado Tazirbu, en medio del desierto de Libia. Allí pernoctamos cuatro días. Luego nos llevaron también por el desierto hasta una ciudad llamada Ajdabiya. Esa noche nos dejaron dormir en una nave, nos dijeron que teníamos que descansar porque al día siguiente íbamos a Trípoli. Me dije: por fin, Trípoli. Quería acabar mi viaje, ir a la capital y acudir a la policía. No quería pasar más tiempo en Libia, después de lo que había visto. Cuando llevábamos dos o tres horas de sueño, nos despertaron. Me dijeron que tenía que dejarlo todo allí. Me negué: tenía mi bolsa y mi ordenador portátil con el que estudiaba en la universidad. Era viejo, pero tenía muchas cosas valiosas en él. Me insistieron en que no podía llevar nada. Pedí coger al menos mi ropa íntima; no podía irme solo con lo puesto. Pero ni eso me dejaron. Cuando salimos a la calle, nos llevamos la sorpresa: el vehículo era un camión grande, un Scania. Nos metieron en la parte de atrás, en un compartimento de dos metros que estaba separado del resto del contenedor frigorífico por una chapa de aluminio. Nos sentamos allí, cerca del aire acondicionado. Eran unos dos metros y en dos pisos íbamos unas cuarenta

139

personas. ¿Puedes creerlo? Así fuimos, hacinados, sin comida ni agua. Cuando por fin se detuvo y salimos, después de ocho horas encogidos, sentimos que habíamos vuelto a nacer. Nos metieron en otra nave. Pero no estábamos en Trípoli, sino en Bani Walid. En aquel hangar había mucha gente: de Somalia, del Chad, de Etiopía… Los etíopes habían pedido que los llevaran a Sudán o a Somalia, pero los habían desviado a Libia. Y les empezaron a pedir dinero. Estáis en Libia, les decían».

Hasta escuchar aquellas palabras, había imaginado todo tipo de engaños y trampas por parte de los traficantes; pero nunca había pensado que las mafias serían capaces de llevarse a los migrantes a un país distinto del que les habían prometido. Sin salir de mi asombro, le pregunté a Ali: «¿Los secuestraron?». «Sí, los secuestraron. No lo puedes llamar con otro nombre. Es un secuestro masivo», me respondió. Y me narró el caso concreto de una chica somalí que se llamaba Zahra: «Me contó que quería viajar de Kenia a Somalia, pero no podía, no sé muy bien por qué. Me dijo que acordó con ellos que la llevaran a Somalia por 500 dólares. Y entonces apareció en Libia, me dijo, y ahora le pedían 8.000 dólares.»

Parecía evidente que los traficantes libios abusaban todavía más de los migrantes subsaharianos, como después me confirmaría Mr. Godwin. Pero quise que el joven Ali me contara su propia experiencia y le pregunté qué cantidad tuvo que pagar él para migrar irregularmente.

«Primero me pidieron, no sé, en dólares serían entre 500 y 700. Pagué al principio, antes de salir. Cuando llegué a Bani Walid, el espónsor —así llamaba Ali al traficante— me dijo que no había pagado nada. Le dije el nombre del tipo a quien le había pagado y le pedí llamarlo delante de él, pero no aceptó. Entonces supe que quería más dinero. Hacía como que me creía, pero después de cuatro o cinco días, seguía diciéndome: No pagaste y si le pagaste a otra persona, es tu problema, tienes que pagar. Le pregunté cuánto. Me dijo que unos 5.000

dinares libios (más de 3.100 euros). Estaba en *shock*, era todo lo que tenía. No me permitían salir de aquel hangar. Me dijeron que era por mi seguridad, porque había policía, pero en realidad era para sacarnos más dinero. Era como una cárcel: las luces se apagaban a las nueve de la noche, las puertas estaban cerradas con candado, no había duchas ni nada… Yo temía por mi vida, por si cogía allí difteria o algún virus. Así que me quedaba en un rincón con mis dos amigos. Pasé allí quince días horribles. Intenté que rebajara la cantidad. Me dijeron que para pagar menos tenía que decir a mis amigos y conocidos en Siria y en Sudán que él era un buen traficante para llevarlos a Libia. Tuve que aceptar, aunque preferiría morir antes que poner a alguien en la misma situación que yo. Me proporcionó una tarjeta SIM. Le enseñé el mensaje que había enviado y le dije: vendrán cuando esté a salvo y llegue a Trípoli. Mira cuánta gente vendrá detrás de mí. Se puso contento y me dijo: de acuerdo, te creo, pero tienes que pagar 1.500 dólares, a no ser que vengas conmigo al mar y pilotes la barca. Si lo haces, quizás te rebaje la cantidad. Les pregunté cuánto era y me contestaron que mil dólares, solo por el trayecto en el mar. Le pedí al traficante que me llevara a Trípoli para esperar allí. Me pidió más dinero por llevarme a la capital. Trajo un coche y me llevó a casa de un conocido sirio. Cuando llegué, decidí que no quería estar más en Libia. Intenté buscar un empleo, pensé que sería mejor que pedir asilo. Pero entonces empezó la guerra en Trípoli entre Hafter y Sarraj, la electricidad se cortaba doce horas al día. Todo iba a peor y me iba a quedar sin dinero. Tenía que salir de allí.»

Aquella ofensiva del mariscal Hafter, anunciada el 4 de abril, también había empujado a Mr. Godwin a salir del país magrebí. El nigeriano de treinta y cinco años que aparentaba bastantes más también me había hablado sin ambages de aquel tráfico humano. Al entrevistarlo en profundidad, descubrí que su nombre de pila era Eddymurphy, supongo que por influencia del actor que protagonizó la película *Superdetec-*

tive en Hollywood, estrenada el mismo año de su nacimiento. Pero lo cómico terminaba en su nombre: siempre hablaba con una solemne seriedad y con la seguridad de quien denuncia una injusticia sufrida en sus propias carnes.

Tras desertar del ejército nigeriano, Mr. Godwin había pasado en Libia un año y nueve meses, un tiempo más que suficiente para descubrir algunas de las atrocidades que se están cometiendo en el país magrebí. Él, a diferencia de Ali, encontró trabajo en el campo. Cuando le pregunté por sus condiciones, Eddymurphy empezó su relato en un tono de indignación: «Después de dos o tres meses en Libia, el hombre para el que trabajaba no quería pagarme. Un día se plantó en mi casa y a punta de pistola, me metió en un vehículo. Yo no sabía a dónde me llevaba, pero resultó ser una casa. Desde allí, encañonándome, me dijo que si quería seguir con vida tenía que pagar 4.000 dinares (más de 2.500 euros). Yo, que había ido a Libia en busca de trabajo, no podía pagar esa cantidad. No podía. Así que me obligó a llamar a mi familia. Mis padres, hermanos y hermanas tampoco lo tenían, pero dijeron que harían lo posible por reunir el dinero para salvarme el pellejo. Me encerraron en el piso superior de una casa. Estaba muy alto, pero en cuanto vi la ocasión, salté por una ventana para escapar de allí. Al caer, me disloqué este hombro por segunda vez. Mira», me indicó abriendo el cuello de su camiseta para mostrarme el bulto que sobresalía de su articulación.

Eddymurphy abrió aún más sus ojos saltones, como si quisiera advertirme de la realidad despiadada que me iba a describir: «El comercio de esclavos aún existe en Libia. Porque cuando te cogen, te venden a otro. Eso es comercio de esclavos. ¿Cómo venden a la gente? Cuando atrapan a alguien, le piden que pague dinero, como a mí, que me pidieron pagar 4.000 dinares. Si no tengo forma de conseguir ese dinero, ellos buscan a alguien que pueda estar interesado en comprarme. La persona que venga y les pague 4.000 dinares me llevará con ella.

142

Entonces me pedirá que pague 8.000 dinares, el doble. Si ni siquiera podía pagar 4.000, ¿cómo iba a conseguir 8.000? Eso es comercio de esclavos», repitió, indignado.

La esclavitud, que creíamos abolida, seguía vigente en pleno siglo XXI. Y nadie se escandalizaba ni pedía su fin. Le pregunté sobre el lugar en el que se llevaba a cabo aquel mercadeo de vidas humanas. «Es en casas, entre ellos», respondió. Y empezó a explicarme lo que implicaba el vacío de poder de aquel Estado fallido: «Libia no tiene gobierno, porque el señor Sarraj es el primer ministro, pero no es un gobierno real. En Libia, todo el mundo, cada ciudadano, tiene armas. Allí es legal poseer armas».

Quise saber quién estaba detrás de aquel comercio de esclavos, si contaba con la connivencia o el apoyo del Gobierno o las milicias. «No es el Gobierno, son los civiles. Porque no tienen trabajo. No les pagan como antes, cuando tenían un verdadero gobierno. Así que utilizan el comercio de esclavos para obtener dinero. Y la persona a la que te vendan, si paga por ti, por ejemplo, por 4.000 dinares, te llevará a su campo o granja y trabajarás hasta conseguir el doble de ese dinero. Cuando hayas trabajado por 8.000 dinares, no te liberarán, sino que te venderán de nuevo a otro tipo. Nos compran y nos venden», me explicó Mr. Godwin, asintiendo con la cabeza. Me llamó la atención su empatía, que comprendiera que los civiles libios se dedicaran al tráfico de personas por la falta de empleo. Y que no los maldijera ni profiriera ningún insulto contra ellos. Supongo que yo, en su situación, lo habría hecho.

Aquel nigeriano educado y respetuoso que no temía llamar a las cosas por su nombre también me desveló otro destino que tenían reservado en Libia para los hombres subsaharianos que no se convertían en mano de obra esclava. Eddymurphy prosiguió su relato desde el momento de su escapada: «Escapé de allí. Continué en Libia, pero me fui a otra ciudad, para conseguir una vida mejor. Y el 4 de abril de 2019 empezaron los combates justo en la zona en la que me encontraba. En su ofensiva, Jalifa Hafter desplegó a mil soldados de Sudán. Entonces, el primer ministro libio, el señor Sarraj, empezó a perseguir a los negros. A cualquier negro que vieran pasar, lo atrapaban en un coche y le daban armas para luchar. Mientras te estoy hablando, a la mayoría de mis amigos les han dado armas para luchar. Y te guste o no, tienes que hacerlo. Yo, que había abandonado el ejército de mi país, ¿quieren que venga a luchar en Libia, por una tierra extranjera? No puedo».

Lo que Mr. Godwin me contaba en verano de 2019 encajaba a la perfección con otros testimonios que había escuchado de primera mano ocho años antes. Cuando estalló la revuelta en Libia, en 2011, y después de haber cubierto el levantamiento tunecino, TVE me envió a la frontera de Túnez con Libia para intentar acceder a Trípoli desde allí. En la veintena de días que pasamos mi equipo y yo, el oeste del país seguía bajo el poder de Gadafi y no pudimos entrar; pero desde allí cubrimos la crisis de refugiados que se produjo desde el inicio de los combates. Muchos subsaharianos, somalíes, sudaneses y de otras nacionalidades, huían despavoridos porque los intentaban reclutar como mercenarios para combatir en aquel enfrentamiento armado que no había hecho más que comenzar. Era algo que solo contaban los subsaharianos, no los miles de egipcios o bangladesíes que vimos escapar en busca de refugio.

En Libia se calcula que actualmente hay más de mil milicias, leales a Hafter o a Sarraj. El joven Ali, que en su país había visto combatir a distintos grupos armados, me explicó que, a diferencia de Siria, en Libia había muchas más milicias y de un tamaño mucho menor: «Cada 200 o 300 hombres forman una milicia. Luchan entre ellas. Las ves en la carretera. Te paran, les enseñas tu documento de identidad y te dicen: no es para nosotros, es para Hafter. Vas a otra y te dicen que no sacaste el permiso válido para ellos, sino del otro lado, de Sarraj. Y con ese pretexto, te dicen: danos dinero. Al margen de lo que les enseñes, te piden dinero. En Trípoli me paraban muchas veces. Les decía: soy sirio, estoy fuera de la guerra y solo busco un lugar seguro. Algunos me dejaban seguir mi camino, pero otros me llevaban dos o tres horas a su prisión. Cuando veían que no llevaba nada que pudiera darles, me dejaban marchar. Pero en aquel país vi cómo pegaban y mataban a la gente, sobre todo a los de piel negra».

Sobre aquella forma de extorsión, también me habló Mr. Godwin, que no dudó en achacarla a las autoridades libias: «Como eres negro, en cada *check-point* la policía o el soldado te quita el pasaporte y te obliga a darle tus pertenencias. Se supone que la función de la policía es la de proteger a los civiles; pero en Libia la policía te coge, te quita todo lo que llevas encima, incluido tu dinero, y te mete en prisión. De la cárcel, o te deportan a tu país o te dejan que te pudras allí dentro. Te piden que llames a tu familia o a tu gente para que paguen dinero por ponerte en libertad. Todo eso está ocurriendo en Libia. Es horrible». Y como si adivinara mi pregunta final, antes de dejarme articular palabra, añadió conmovido: «Tengo treinta y cinco años y no tengo ni mujer ni hijos. Si regreso a mi país, pasaré al menos tres años en prisión, porque deserté y la guerra sigue. Eso, con un buen abogado; sin él, no sé cuánto tiempo podría pasar entre rejas en Nigeria. Por eso quiero pedir asilo a los líderes europeos. Que ayuden a los migrantes en aquel país. De los extranjeros negros que hay en Libia, el 99 por ciento no puede quedarse allí ni un minuto más».

Sin duda, la distinta etnia de Eddymurphy y Ali les había hecho vivir experiencias diferentes. Resultaba obvio que los libios trataban mucho peor a los negros que a los árabes. Y eso había generado mucha desconfianza entre los dos grupos. Empecé a entender algunos gestos y palabras de connotación racista que había detectado a bordo del Open Arms. Sin embargo, las historias de uno y otro convergían como piezas de un mismo puzle.

Quería que Ali narrara el fin de su periplo hasta llegar a la barquichuela en la que los socorristas lo rescataron. Pero primero debía responder a una pregunta: «¿Te embarcaste con el mismo traficante que te había llevado hasta Trípoli?». No tardó en responder: «No, por supuesto que no fui con la misma persona. No quería verlo nunca más». Me dijo que tenía su teléfono y que me lo podía mostrar. Como estábamos grabando la entrevista, le pedí que me explicara cómo llegó a embarcarse: «Hablé con mi amigo sirio, con muchos libios, y todos me dijeron que podía ir a Zuara, que allí podía encontrar al traficante que quisiera. Me marché y, una vez allí, volví a hablar con muchas personas. Me decían: Ningún policía te atrapará en el mar; nosotros somos la policía, el Gobierno aquí. Todos te decían eso. No tenía elección. Hablé con uno de ellos, que me dijo: Iremos en una buena barca, será un buen viaje, seguro, con buena higiene, agua, comida, seréis veinte o veinticinco personas, no más. Acepté ir con él. Me quedé esperando en Zuara uno o dos meses. El día de mi partida, sobre las siete o las ocho de la tarde, me dijeron: ¡Vamos, vamos! Primero me dijeron que saldríamos desde el puerto, que ellos lo controlaban porque eran el Gobierno allí. Es su mentira, pero yo lo tomé como una garantía para mi vida. Cuando el tipo me llevó en su coche hasta el mar, me dejó en un lugar que estaba desierto. Cuando llegó la barca, nos habíamos juntado allí unas cuarenta personas. Y cuando vi el bote, no lo podía creer, era realmente pequeño para cuarenta. No era una barca para cruzar el Mediterráneo, con estas fuertes olas. Me dijeron: ¡Venga, venga! Los miré. Llevaban kalashnikov. Me dije que no tenía elección, tenía que cogerlo». Según me contó, Ali pagó el equivalente a 1.300 dólares por una travesía en la que llegó a beber agua del mar para no desfallecer de sed. Cuando por fin dieron con ellos los socorristas del Open Arms, el joven estudiante de ingeniería expresó así su alivio: «En realidad vi como si se abrieran las puertas del cielo».

Ali quiso poner fin a la entrevista pidiendo a la Unión Europea que les abriera sus puertas: «A nadie le gusta venir así a Europa. No estoy contento de entrar de forma ilegal, pero es la única manera que tengo de seguir vivo». El joven sirio aún no sabía que después de aquel cielo, en Europa le aguardaba otro infierno.

17

Un negocio redondo

Si había una persona a bordo que conocía como nadie la diferencia abismal que existe entre ser rescatado por un buque humanitario y ser interceptado por los guardacostas libios era Issiaga Camara. De ahí su reacción al ver la lancha del Open Arms: «Cuando os vi, mi primera reacción fue sonreír. Sonreí. Mis amigos me preguntaron por qué sonreía. Les dije: porque es un barco humanitario. Me preguntaron cómo lo sabía. Les contesté: no es la primera vez que me atrapan en el mar».

No era la primera ni la segunda. El joven de Guinea-Conakry se había embarcado cinco veces desde Libia: «La penúltima vez que intenté venir a Europa, habíamos pasado tres días en el mar. Empezó a entrar agua en la barca y tuvimos que llamar por teléfono. Los que vinieron a rescatarnos estaban armados, llevaban kalashnikov. Antes de hacernos subir a su nave, dispararon al aire para amedrentar a quien intentara huir. Nos quitaron todo lo que llevábamos encima: el dinero, el teléfono, todo. Después nos devolvieron al centro de detención».

Issiaga también sabía de sobra lo que ocurría en aquellos sórdidos lugares. Había pasado por al menos cuatro de ellos. La primera vez que dio con sus huesos en uno había sido el 9 de mayo de 2017. En ninguno lo habían tratado como un ser humano; pero en el último, además, estuvo a punto de perder la vida. «Después de tres días en el mar, sin comer y sin beber, nos volvieron a encerrar allí, en diferentes celdas. No teníamos ni un mal catre en el que dormir y nos tuvieron dos días sin comer. Como no resistíamos más en esas condiciones, cinco días ya sin ingerir alimentos, empezamos a golpear la puerta y a gritar para que nos hicieran caso, porque desde que nos habían encerrado, nadie había venido ni siquiera a vernos. Cuando vinieron, empezaron a pegarnos con porras. Les dijimos que necesitábamos comer. Esa noche nos dieron unos curruscos de pan. Cuando nos traían pan y empezaban a distribuirlo, si no alcanzaba para todos nos tiraban el resto al suelo. Tenías que pelear por un pedazo de pan, como los animales. No dejamos ni las migajas. Más tarde, los sudaneses hicieron una reunión para ver cómo podíamos escapar de la prisión, porque con ese maltrato nadie iba a salir con vida de allí. Al día siguiente, nos repartieron una especie de puré, de sopa, para comer con los trozos de pan. Incluso el agua que bebíamos era la que había en el retrete. Era muy difícil, pero como te ahogabas de calor y tenías tanta sed, tenías que hacerlo para mantenerte con vida.»

Semanas después, preparando el *En Portada*, la realizadora, Rosa Alcántara, encontraría en el archivo un rodaje enviado por una agencia internacional sobre una protesta en un centro de detención de Libia. Los migrantes presos se quejaban de las condiciones infrahumanas en las que los mantenían. En esas imágenes, que aparecerían en nuestro reportaje «Misión 65», se veía a centenares de personas hacinadas, tiradas en el suelo, sin colchones, o haciendo cola y peleándose por beber agua de un mismo vaso que el vigilante llenaba de un cubo de plástico. Teniendo en cuenta que la inmigración irregular se considera un delito en el país magrebí y que el país está plagado de milicias con puestos de control y de vigilancia, podemos deducir que prácticamente todos los migrantes irregulares que pasan por Libia acaban entre rejas, amontonados en aquellos lugares infames.

La ONU pidió en 2019 el cierre de esos centros de deten-

149

ción. Sobre los abusos que en ellos se cometen también me habían hablado varias jóvenes nigerianas víctimas de trata a las que entrevisté en Italia en abril de 2018 para el reportaje «Princesas esclavas». Jennifer, una menor nigeriana que pasó casi un año en una de esas prisiones y tuvo el valor de hablarnos a cara descubierta, nos contaba: «Me pegaban cada día, vi a mucha gente morir cada día, con pistolas y disparos al aire… No comía, no bebía agua. Es algo que nunca podrías imaginar. Nunca querrías ir allí, ni siquiera verlo». El dinero era lo único que las libraba de aquel infierno: «Tuve que llamar a mi madama, la mujer que me dijo que la llamara al llegar a Italia. Ella mandó dinero y me sacaron. Tienen contactos». Blessing, otra nigeriana de veintiún años que prefirió ocultar su rostro por miedo a las represalias de los traficantes, fue más explícita al describir esos abusos: «Cuando estaba en prisión, los hombres árabes me violaban, eran muy crueles. Cada noche solían venir y señalaban: tú y tú, sois las chicas con las que vamos a dormir esta noche. En cualquier momento, quien quería acostarse contigo lo hacía. Y si decías que no, te mataban». La joven Blessing aseguraba que el destino de otras chicas subsaharianas que llegaban a Libia no era mejor: «Las llevaban a un lugar que llaman "casa de citas". Suelen acostarse con ellas por 10 o 20 dinares libios (6 o 12 euros). Cada una de ellas puede llegar a tener que mantener sexo con unos cincuenta hombres al día».

En los rostros de otras jóvenes rescatadas por el Open Arms que guardaban silencio, se percibía que habían vivido situaciones traumáticas que preferían guardar para sí. Los hombres no hablaban de violaciones ni abusos sexuales, pero sí de maltrato en aquellas masificadas cárceles.

Issiaga continuó con la narración de su tormentosa experiencia en el centro de detención de Zauiya, al oeste de Trípoli, donde llevaba días pasando hambre y sed: «Al día siguiente, a las siete de la tarde, cuando vinieron y abrieron la puerta, la empujamos todos a la vez para escapar. Salimos todos al patio, pero la valla era muy alta y no podíamos saltarla. Conseguimos llegar hasta el portón, pero no estaba abierto. Los vigilantes llegaron armados y empezaron a disparar a todo el mundo. Como no había escapatoria, tuvimos que volver corriendo hacia las celdas donde permanecíamos encerrados. Ellos nos seguían. Yo corría y corría. Como la puerta estaba abierta y venían disparando, cogí la puerta y la cerré detrás de mí. El tipo que me seguía tiraba de la puerta para abrirla y yo la sujetaba con todas mis fuerzas desde dentro; pero no había cerrojo por dentro, solo por fuera. Durante el forcejeo, él empezó a disparar por debajo de la puerta y me dio en los pies. Caí al suelo. Intenté alejarme de la puerta a rastras. El guardián siguió disparando. A uno le dio en el vientre. Cayó muerto allí mismo. A otro le dio en la pierna. Mientras, otro guardia empezó a pegarme en la cabeza puñetazos y golpes con la culata del fusil. Entre las embestidas, me gritaba que no tenía derecho a la vida. A pesar de que estaba herido de bala, empezó a asestarme más golpes con una barra, una especie de porra. Me dejaron allí tirado durante veinte horas. Yo sufría, lloraba, gritaba de dolor. Cuando me sacaron de allí, se podía ver un reguero de sangre como cuando sacrifican un cordero. Trajeron un vehículo y me dijeron que me metiera en el maletero. Les dije que no, que con aquel dolor no podía meterme allí. Pusieron un plástico en los asientos y nos colocaron encima. Para entonces, el cuarto de los heridos ya estaba muerto». El joven guineano contaba aquella sucesión de atrocidades sin elevar la voz y como si necesitara sacar fuera de sí parte de aquella pesadilla. Yo tenía que mantener todos mis sentidos fijos en él para oírlo, por el ruido que había en la cubierta. Mientras hablaba, mantenía su rodilla derecha doblada con el pie apoyado en el suelo, a pesar de lo que le dolían los dos tobillos. Durante las curas que le hacían cada mañana, pude ver que las heridas de bala aún no habían cicatrizado y estaban amarillentas, como si se hubieran infectado.

«Cuando llegamos a la primera clínica —continuó Issia-

151

ga—, nos dijeron que no nos podían curar allí y nos enviaron a un centro grande. Allí me extrajeron las balas, primero una y luego la otra. Nos querían devolver inmediatamente al centro de detención, pero el médico dijo que no, que con el dolor que teníamos nos tenían que curar allí. Aun así, aquel día me llevaron de regreso al centro. No pude pegar ojo hasta la mañana. Lloraba de dolor, porque no tenían anestesia ni calmantes. Cuando tocaba, todo esto estaba inflamado», me indicó señalándose los dos tobillos. «Incluso para ir al baño me tenían que llevar entre tres o cuatro personas. Era muy duro. Al día siguiente nos enviaron otra vez al hospital y nos dejaron allí tres días.» Pero después pasó otros tantos días en la prisión sin ningún tipo de cura. Aquella situación se le hizo insoportable.

Le pregunté cómo logró salir de allí. En sus respuestas, Issiaga Camara tampoco se ahorraba detalles: «Para salir del centro, tuve que negociar con ellos, porque la fianza que piden varía según las personas. Para las mujeres son 3.500 o 4.500 dinares (entre 2.200 y 2.800 euros). A mí me pidieron pagar 3.000 (1.900 euros). Aun con mi herida, todavía tenía que pagar 3.000 dinares. Le rogué que me lo dejara en 2.500 dinares (unos 1.600 euros). Lo aceptaron. Llamé a mis amigos que estaban en Trípoli, les pedí si me podían ayudar para que pudiera seguir mi tratamiento fuera del centro. Sabía que si me quedaba allí podía perder los dos pies. Mis amigos reunieron el dinero y me lo enviaron: así conseguí mi libertad. Para reunirme después con ellos, también tuve que pagar. Nos dicen que tenemos que irnos de forma clandestina y que, por eso, hay que pagar el doble. Aseguran que no pueden tomar la carretera principal, que tienen que tomar desvíos y que para eso hacen falta 400 dinares (unos 250 euros). Pagué los 400 dinares y el conductor que los negoció por mí me pidió otros 50 dinares (más de 30 euros). Así que hasta venir aquí tuve que pagar 2.950 dinares (cerca de 1.900 euros)». Para tomar la barquichuela en la que habían pasado tres días a la deriva, a Issiaga y a sus amigos los llevaron desde Al Ajaylat, cerca de Sabratha.

El negocio era redondo: al capturarlos en el mar, los devolvían a los centros de detención, donde los maltrataban y los mantenían en condiciones infrahumanas. Para salir de allí, tenían que pagar el dinero que no tenían, pero harían cualquier cosa por escapar de aquel infierno. Y antes de que los volvieran a detener por la calle, en cualquier puesto de control, tenían que asegurarse la forma de echarse al mar, aun a riesgo de que los volvieran a atrapar en el agua, lo que suponía regresar a la casilla de salida. En aquel macabro círculo, lo que estaba en juego eran sus vidas.

El sol ya se estaba poniendo y nos íbamos a quedar sin luz para la grabación de la entrevista, así que pensé en la información imprescindible que me faltaba por conocer: ¿Quién estaba detrás de aquel negocio redondo, un *business* tan cruel como perfecto?

153

«Digamos que es una organización. Han establecido esa organización. Las mismas personas que te embarcan son los mismos que van a capturarte en el mar. Y se ha convertido en un negocio. Incluso en el centro en el que estaba detenido me propusieron pagar el dinero allí mismo para que me embarcaran. Me dijeron que una vez yo hubiera pagado mi fianza, podía pagar también otra suma para embarcarme», me respondió Issiaga. «¿Son las mismas personas?», le interpelé. «Sí, son las mismas personas. Es la mafia. Son las mismas personas, el mismo conductor. Son ellos los que lo hacen todo», me contestó sin atisbo de duda.

Unos meses antes, en febrero de 2019, el Gobierno libio había revelado que en su país estaban en funcionamiento 23 centros de detención. Oficialmente, se supone que están dirigidos por el Gobierno de Sarraj, pero la realidad es bien distinta. Cada uno está bajo control de la milicia que controle la barriada o la zona en la que se encuentra, incluidos los que figuran bajo el supuesto mando de la Dirección de Lucha contra la Migración Ilegal de Libia. Cada brigada —*katiba*, como se las conoce localmente— impone sus normas y se lucra haciendo negocio con el sufrimiento de migrantes y refugiados que, una vez han ido a parar allí, están dispuestos a lo que sea por escapar de aquel horror.

Al escuchar las palabras de Issiaga, pensé si los líderes europeos que habían firmado un acuerdo migratorio con Libia eran conscientes del sufrimiento de Issiaga y de tantos miles y miles de personas atrapadas en aquel círculo vicioso en el que muchas vidas desaparecían sin dejar rastro.

Para contener el flujo migratorio de sur a norte por la vía del Mediterráneo Central, la Unión Europea había firmado en 2017 un acuerdo con Libia, con una inversión de 130 millones de euros para, sobre todo, reforzar la presencia de guardacostas libios en su amplia zona SAR, entrenándolos y dotándolos de equipamiento para evitar que sean los europeos quienes lleven a cabo los rescates, ya sean sus guardias costeras o los buques humanitarios. De esta forma, el viejo continente deja en manos de Libia no solo su salvamento, sino también la responsabilidad de que los migrantes y refugiados interceptados sean deportados a sus lugares de origen o que sean encarcelados nuevamente.

Habrá que preguntarse adónde van a parar esos millones de euros en un Estado fallido en el que el Gobierno reconocido por la UE controla apenas una pequeña parte del territorio y en el que hay fundadas sospechas de que las mafias que trafican con seres humanos estén actuando en connivencia con los guardacostas, las fuerzas de seguridad al servicio del Gobierno o las milicias leales a él. De hecho, la ONU y Estados Unidos han sancionado al comandante que está al frente de la Unidad de la Guardia Costera libia por su presunta participación en la trata de personas y contrabando de migrantes.

Con el acuerdo firmado en La Valeta, Europa y Libia están negando el derecho al asilo o refugio de miles de personas perseguidas o que huyen de lugares en conflicto. Y por si fuera poco, a los náufragos que no son rescatados por los buques humanitarios, se les devuelve a un puerto no seguro, en un país en guerra, en contra de lo que establece la legislación marítima e internacional.

Desde que se firmó, en febrero de 2017, más de 40.000 personas han sido devueltas y encerradas en centros de detención libios. A pesar de que las Naciones Unidas han solicitado su cierre, al final de 2019 esos centros albergaban al menos a 3.186 personas «sin las debidas garantías procesales y en condiciones que no se ajustan a las normas mínimas internacionales». Esta declaración no la hacía un activista o un migrante, sino la expresidenta de un país y Alta Comisionada de la ONU para los Derechos Humanos, Michelle Bachelet.

Sintiendo vergüenza como ciudadana europea por la firma de ese pacto, le agradecí a Issiaga su valioso y valiente testimonio. Miré la luz rojiza que había dejado el sol en el horizonte y lancé una última pregunta: «¿Qué crees que te ocurriría si tuvieras que regresar a Libia?». El guineano abrió unos ojos como platos y arqueó las cejas: «¿Devolverme a Libia? ¿Ahora? Sería muy grave, porque conozco muy bien cómo nos tratan allí. Sería todavía peor. Significaría mi muerte. Me matarían. Porque si no dudaron en dispararme a los pies, tampoco dudarían en dispararte a la cabeza». Y su mirada se llenó de un terror indescriptible.

18

Europa: ¿Hay alguien ahí?

*L*unes, 12 de agosto. Empezaba una nueva semana y el Open Arms seguía navegando despacio, sin rumbo y sin buenas noticias por parte de ningún país europeo. Cuando salí a la cubierta de popa, pude comprobar que, tras el traslado nocturno de los magrebíes, al menos se podía caminar por aquella concurrida y limitada superficie.

Amin, el etíope del Corán, vino hacia mí. Me saludó en inglés y me contó que había tenido una idea que quería compartir conmigo: «Usted siempre cuenta nuestras historias, nos da voz uno a uno; pero yo creo que si todos juntos lanzamos un mensaje conjunto, eso podría llegar a Europa, para que nos escuche». Me propuso hacer una concentración pacífica a bordo y que la grabáramos para que llegara al mundo a través de nuestra televisión.

Después de la tensión vivida la noche anterior, la idea de Amin me reconciliaba con el mundo. Solo necesitaba folios y bolígrafos o rotuladores para escribir mensajes. Le dije que los solicitara a los voluntarios, ya que yo no disponía más que de mi libreta y un par de bolígrafos. Y le pedí que, como estábamos a la espera de otra evacuación de emergencia que debía producirse esa mañana, esperara a hacer su reivindicación por la tarde, cuando ya estaríamos libres para grabarla. A fin de cuentas, aunque admiraba su espíritu constructivo y pacífico, sabía que la Unión Europea no iba a mover ni un solo dedo por conmovedora u original que resultara su manifestación; pero no se lo comenté para no desanimarlo.

De las dos personas que Malta había aceptado evacuar, una era la tía de Rahim —el niño marfileño de siete años—, que tenía un tumor cerebral. Sus problemas psíquicos eran palpables: actuaba de una forma cada vez más incoherente, con frecuentes cambios de humor y cierta agresividad. La otra era Safaa, la madre de Islam. Llevaba un par de días tumbada en el suelo, sin fuerzas para levantarse. Cuando abría los ojos, se leía en ellos el sufrimiento y una tristeza que arañaba las entrañas. Su madre y sus hermanas no se separaban de ella.

Como Rahim y Islam eran los dos únicos niños del barco que sabían caminar, el capitán los autorizó a moverse por el buque y visitar el puente de mando. Entre ellos no jugaban, no sé si por la diferencia de idioma, de edad o de género. Marc les dejaba de vez en cuando su *tablet* y les ponía dibujos animados de la Pantera Rosa u otros. Los dos solían quedarse pegados a la pantalla y soltaban de vez en cuando alguna carcajada. Su risa era la mejor bocanada de aire fresco que llegaba a todo el barco. A menudo, Islam venía y me preguntaba qué estaba haciendo. A pesar de trabajar contra reloj y no poder dedicarle el tiempo que me hubiera gustado, siempre le contestaba y le mostraba nuestras imágenes para que entendiera en qué consistía nuestro trabajo periodístico. Ella, siempre educada, sabía guardar silencio y quedarse a distancia cuando me veía estresada. Mirar sus enormes ojos curiosos y su boca siempre sonriente me llenaba de luz y razones para seguir esforzándome. Ella estaba allí, viva. Aquella dura travesía la estaba salvando de una casi segura esclavitud sexual que podría haberle robado la inocencia y la sonrisa para siempre. No, aquello no era lo que algunos tildaban de «efecto llamada». En su caso y en el de la mayoría a bordo, se trataba más bien

157

de un efecto huida: para salvarse, tenían que escapar como fuera del horror. Pero eso no parecía importar demasiado a una Europa que los veía como «inmigrantes irregulares», cuando no ilegales, una expresión que me niego a aceptar y menos aún, utilizar: ninguna persona es ilegal.

En torno al mediodía llegó por babor una patrullera de la Guardia Maltesa. Era de color gris y negro. Puede parecer un detalle sin importancia, pero esa pintura le confería una apariencia militar, más agresiva que la de las lanchas italianas, blancas y naranjas, más similares a las RIB de salvamento. Los tres sanitarios malteses, enfundados en un mono plástico blanco, coordinaron la evacuación con Anabel, que les hablaba desde la cubierta.

Las dos familias estaban preparadas con sus escasas pertenencias desde primera hora de la mañana. Todos los evacuados llevaban mascarilla. Con la lancha maltesa ubicada junto al Open Arms, había llegado el momento de las despedidas. Primero ayudaron a bajar a Safaa, la madre de Islam, que se movía con dificultad. Antes de que le llegara su turno, la tía de Rahim le dio un abrazo a Issiaga que me conmovió. Aquellos once días de convivencia en circunstancias difíciles no solo habían generado tensión, también habían fructificado en bellos lazos de amistad y solidaridad: los que se quedaban se alegraban por los que podían ir a tierra firme.

Abracé a las mujeres sudanesas. La noche anterior me habían pedido el nombre para seguir en contacto a través de Facebook y yo anoté el de las hermanas. Y llegó el adiós más difícil… Todos y cada uno de los miembros de la tripulación y el voluntariado se despidieron con un abrazo de Islam. A la niña, con la mascarilla puesta, le asomaban las lágrimas. Creo que, al abrazarla, todos lloramos. Todos sabíamos que con ella se marchaba la alegría de la cubierta. Yo sentía que se me iba algo más: mi pequeña cómplice. La abracé con fuerza y le dije al oído: «Todo va a ir bien, *habibti* (querida mía)». Y llenó de color aquella lancha gris. Los evacuados tenían que viajar a la intemperie en unos incómodos asientos cuyo respaldo eran unas barras de hierro curvadas. Hasta Malta tenían unas siete u ocho horas de viaje. Se marcharon dando las gracias y ondeando sus brazos hasta que se perdieron de vista. Fue una dura despedida, pero todos éramos conscientes de que era lo mejor para las ocho personas que abandonaban el buque. Aún quedaban a bordo 151.

Con el corazón encogido y conteniendo la tristeza, subí corriendo al puente de mando. Era la una de la tarde y a las 15:20 horas tenía directo y pieza en el *Telediario*.

A las dos de la tarde, Amin y los demás rescatados empezaron su concentración pacífica. Pedí a los voluntarios que los convencieran para posponerla, pero no hubo forma. Joaquín fue a grabarla, mientras yo acababa de editar nuestra crónica. La wifi no funcionaba muy bien y sufrí mucho para llegar a tiempo al TD1. Cuando aparecí en directo, la imagen estaba muy pixelada, pero al menos no se cortó la conexión. Me tuve que agarrar para no perder el equilibrio con el vaivén de las olas. Me preguntaron por la situación a bordo y, después de mencionar las últimas evacuaciones, acabé diciendo: «La situación podría empeorar aún más porque el pronóstico del tiempo augura mala mar y se avecina un temporal».

Cuando el corazón aún me latía con fuerza por los nervios que había pasado, me llegó por fin una buena noticia. Mi jefe me comunicó que el reportaje «Prisionero 151/716», que el realizador Ángel Barroso y yo habíamos hecho con especial mimo sobre un hombre torturado en la prisión iraquí de Abu Ghraib, había ganado un premio en el Festival de Cannes de Televisión. Recordé que ese trabajo me había dolido especialmente, al sentir de cerca cómo la tortura marca para siempre a quien la sufre. Pero aquel reconocimiento me recordaba que esas eran las historias que merecían ser contadas, las que daban sentido a nuestro oficio… Historias como las que viajaban con nosotros

159

a bordo de aquel barco. No aliviábamos el sufrimiento de aquellos rescatados, ni siquiera podíamos llevarlos pronto a un puerto seguro; pero al menos con ellos había un equipo de televisión que estaba contando día a día todo lo que allí ocurría. Sentí que viajaba en un tiovivo de emociones que no hacía paradas. Y esa tarde tampoco se detuvo. En torno a las cinco, hubo una pelea a bordo. No llegamos a tiempo de grabarla, pero Ezzat, un chico egipcio, aún tenía la cuenca del ojo enrojecida del puñetazo que le había propinado un subsahariano. El hacinamiento complicaba la convivencia y los nervios estaban a flor de piel. Aquel barco se estaba convirtiendo en una olla a presión.

Aquel violento episodio se producía pocas horas después de la ejemplar concentración pacífica organizada por Amin, a quien el capitán apodó con acierto Malcolm X, como el activista estadounidense. El etíope consiguió que todas las personas rescatadas se unieran para hacer llegar su voz a la Unión Europea. No había podido ser testigo directo, pero las imágenes grabadas por Joaquín la recogían fielmente y yo la narré así en la crónica que hicimos para aquella noche: «¡Abrid un puerto a los migrantes! Es el mensaje desesperado que las 151 personas que siguen a bordo del Open Arms quieren enviar al mundo. ¡Estamos estresados, preocupados, cansados!, dicen intentando alzar su voz a una Europa que parece no escucharlos. Nos recuerdan que llevan doce días en el mar, no en tierra firme, y que sus vidas siguen en riesgo hasta desembarcar en un puerto seguro. También, que han sufrido mucho, que son supervivientes. Agradecen que les salvaran la vida, pero suplican una respuesta rápida».

Con mi voz, las voces que repetían sus eslóganes y la imagen de los migrantes y refugiados, unos sentados y otros en pie, sosteniendo carteles escritos en folios, en los que se podía leer: «Queremos asilo», «Por favor, dennos una respuesta rápida» o «Necesitamos salir de este barco a un país europeo para conseguir nuestra libertad y nuestros derechos humanos». Libertad y derechos humanos. El continente que más había defendido esos dos conceptos ahora parecía haberlos olvidado.

Con la mala mar, la conexión wifi del barco funcionaba muy despacio y fuimos pidiendo a toda la tripulación y los voluntarios que se desconectaran, como si nos fuera la vida en ello. Cuando por fin llegó a Madrid la pieza, recibí una llamada: «Habéis enviado el mismo archivo del TD1». Les pedí que lo comprobaran. No podía ser. Tenía que estar en otra carpeta o haberse confundido con el nombre o al convertir el archivo. Parecía como si el destino nos gastara una broma o se hubiera empeñado en acallar aquel mensaje coral gritado a Europa desde el medio del Mediterráneo. Pero no fue el azar. Siempre comprobábamos que el archivo estaba bien antes de enviarlo, pero aquella noche, con las prisas y la mala conexión, no lo hicimos. Al seleccionar el archivo para transferirlo, mi compañero había elegido por error el mismo que habíamos mandado a las dos y media de la tarde. Le pasó a él como me podía haber pasado a mí. No lo culpaba en absoluto. No había tiempo para hacer un nuevo envío y que llegara antes de su emisión. Para colmo, aquella era la primera noticia que la presentadora del TD2, Ana Roldán, daba a cámara tras el saludo de buenas noches. A Joaquín y a mí no nos cabía más frustración. Teníamos el rostro desencajado. De repente, el cansancio y el estrés de aquellas dos semanas de navegación trabajando a destajo nos golpeó como un aldabonazo. Joaquín, con cara de desolación absoluta, salió a fumar un cigarrillo. Yo me quedé sentada y empecé a llorar en silencio. Era mi forma de liberar la tensión acumulada y la frustración. Erri, el primer oficial, se sentó a mi lado y me dio un abrazo. En ese momento me puse a sollozar como una niña. Desde el puente de mando, todos nos intentaron apoyar y animar. Nos recordaron que era el primer error que cometíamos después de tantos días trabajando al máximo en condiciones difíciles. Nuestros compañeros del *Telediario* valoraron nuestro sobreesfuerzo y volvieron a emitir la misma pieza, algo que solo ocurre de forma muy excepcional.

Abrían el bloque informativo con un vídeo de Javier Bardem que el actor había grabado con su propio móvil y subido a las redes: «Mando este vídeo de apoyo para la gente de Open Arms, para aquellos que están en ese barco desde hace tantos días…». Con ese mensaje, Javier Bardem era otro rostro popular que se unía a la petición de una solución política al limbo en el que se encontraba el buque humanitario. La presentadora recordaba que los puertos de Italia y Malta seguían cerrados y anunciaba que el capitán había pedido asilo a la Embajada española en Malta para los 31 menores a bordo. Después de nuestra crónica que se emitía repetida, Ana Roldán daba la noticia de que el barco Ocean Viking había rescatado esa tarde a otras 105 personas, en una operación de salvamento en la que algunos habían llegado a caer al agua al pinchar la barca neumática en la que viajaban. Era su cuarto rescate en cinco días. En total, llevaba a 356 personas rescatadas, que se sumaban a las 151 que viajaban con nosotros.

A continuación, la presentadora daba paso a otra pieza sobre declaraciones políticas en torno a la situación del Open Arms. El fundador de la ONG, Òscar Camps, pedía al Gobierno español que mediara para desbloquear la situación y recordaba a Pedro Sánchez que un año antes había exigido a Rajoy la acogida de migrantes. Podemos e Izquierda Unida se unían a la petición. El Partido Popular y Ciudadanos pedían que se diera una solución en el ámbito europeo. El Ejecutivo español, a través del ministro en funciones Ábalos, insistía en pedir a los países más cercanos al barco que asumieran su responsabilidad en cumplimiento del Derecho Internacional. En las calles de Barcelona, se habían concentrado unas 300 personas para reclamar al Gobierno que diera un paso adelante y abriera los puertos.

Antes de que acabara la emisión del Telediario, en busca de un desahogo, le escribí un mensaje de WhatsApp a Jorge expli-

162

cándole lo que nos había ocurrido con el envío. Él, como siempre, intentó hacerme sonreír. A los pocos minutos, me mandó una foto con la imagen congelada de mi *in situ* en la crónica emitida en el TD1, con un mensaje abajo: «Saliste megalinda en el de las 15 h, era necesaria la repetición de esa imagen para placer de los televidentes, sí, sí, sí». Logró arrancarme una sonrisa. Y todo el cariño recibido me dio fuerzas para salir a ayudar con el reparto de la cena.

Los voluntarios habían instalado en la cubierta de popa un televisor. Y habían proyectado nuestro reportaje para *Informe Semanal*. Me dio rabia habérmelo perdido, porque hubiera dado algo por ver sus caras al mirarlo, a pesar de que ninguno entendía español. Muchos nos dieron a Joaquín y a mí las gracias por el trabajo que estábamos haciendo.

Me quedé en la cubierta hablando en francés con algunos subsaharianos que habían decidido iniciar una huelga de hambre. Les dije que los respetaba y que estaban en su derecho, pero no me reprimí en darles mi opinión. Creía que sería un esfuerzo en vano. Dudaba de que a Europa, que no había movido un dedo por la vida de 151 personas, ni siquiera tras la petición del presidente del Europarlamento, le afectara que algunos migrantes iniciaran una huelga de hambre en aquel barco. Les expliqué, además, que al día siguiente habían anunciado muy mala mar y que, por mi propia experiencia, sabía que con el estómago vacío se pasaba peor, los vómitos resultaban más dolorosos. Pero era su decisión. La ONG también trataba de convencerlos para que abandonaran la huelga, porque sabía que sufrirían más.

Todavía revuelta por tantas emociones, a medianoche entré en el camarote. Los voluntarios estaban agotados y Joaquín, que había descansado un poco al mediodía, se ofreció a hacer la guardia hasta las tres de la madrugada. Yo me quedé hasta la una hablando con Jorge. Aquellas conversaciones eran un bálsamo para mi alma.

La mañana siguiente hablé por teléfono con mi jefe, Guardiola, y con la directora de Informativos No Diarios. El velero Astral había partido de Barcelona y llegaría en unas horas para apoyarnos y abastecernos de suministros. Aquella era nuestra primera posibilidad real de abandonar el Open Arms. Desde Madrid, se nos planteó por primera vez si necesitábamos un relevo. Con el error cometido la noche anterior, Joaquín y yo empezamos a asumir algo innegable: nuestra falibilidad aumentaba con el cansancio. Por otra parte, ni el llamamiento público de Richard Gere ni el de otros famosos, ni nuestras crónicas diarias se traducían en ninguna acción política. Nadie sabía hasta cuándo se podía prolongar aquella situación del Open Arms navegando sin rumbo con 151 migrantes y refugiados a los que ningún Gobierno ni Europa estaban dispuestos a acoger. Y a ellos se sumaban los 356 del Ocean Viking. Medio millar de rescatados a los que se les negaba el derecho a desembarcar en el puerto seguro más cercano, como establece la normativa marítima internacional. Pese a todo, sabíamos que antes o después, aquella situación debería resolverse de algún modo, antes de que todas aquellas personas enfermaran. Y éramos conscientes de que nuestra presencia allí era necesaria para que aquella «patata caliente» no quedara olvidada o invisibilizada entre el resto de noticias.

Después de las evacuaciones de la víspera, los ánimos estaban por los suelos. Vi a muchas mujeres con el rostro surcado de lágrimas, incluida Angèle, la camerunesa que parecía de hierro. La prolongada incertidumbre estaba sembrando la semilla de la desesperanza.

Quienes habían iniciado la huelga de hambre también empezaban a mostrar signos de debilidad. Entre ellos, había varias mujeres etíopes con las que no lograba comunicarme. Una de ellas hablaba árabe y le pedí ayuda en la traducción a Ali. Sabía que llevaba 24 horas sin ingerir alimentos y la había visto llorar. Le preguntamos las razones por las que hacía huelga.

Se secó las lágrimas y me contestó con una mezcla de rabia e impotencia: «¿Para qué comer? Aquí hay niños, familias. Necesitamos un puerto, un lugar seguro. Si vamos a seguir así, me da igual vivir que morir».

Esa mañana, el velero Astral llegó cargado de víveres y con un equipo de ayuda psicológica. Aunque su imagen navegando en paralelo al Open Arms resultaba muy bella y atractiva para televisión, mencionamos su llegada en nuestra crónica para el TD1, pero preferimos centrarla en los rescatados: trasladamos el mensaje colectivo de su manifestación pacífica, su desánimo y su reivindicación a través de la huelga de hambre.

En la apertura del *Telediario*, el equipo de Edición había decidido destacar en el sumario las imágenes de la concentración con un titular: «El "Open Arms" se siente abandonado». Minutos después, entrábamos con una conexión en directo vía Skype bastante pixelada en la que empecé diciendo: «Aquí la situación empieza a ser insostenible. Ya hay mala mar, no sé si lo notáis, pero ya tenemos que agarrarnos y además se avecina un temporal, con lo cual puede ser todavía peor…». Y explicaba que uno de los dos bebés a bordo presentaba una dificultad respiratoria y su estado había empeorado en las últimas 24 horas, por lo que se había solicitado su evacuación a Malta y a Italia.

A continuación de nuestra crónica, volvíamos a entrar en directo, esta vez, para mostrar la carta que el capitán del buque humanitario había enviado para pedir a la Embajada española en Malta que intercediera para que ese país concediera el asilo a los 31 menores que viajaban a bordo. Recordaba que muchas de las personas rescatadas habían huido de lugares en conflicto, por lo que tendrían derecho de asilo, e informaba de que ACNUR, la Agencia de la ONU para los Refugiados, había hecho ese día un llamamiento a los Gobiernos europeos para que acogieran a las 507 personas rescatadas que seguían atrapadas en alta mar. Con mi directo, se daba paso a una pieza elaborada desde el Área Internacional que hablaba del «desacuerdo dialéc-

165

tico entre el Gobierno en funciones y la ONG sobre los 31 menores». El Open Arms mantenía que el Ejecutivo español estaba obligado a tramitar la petición de asilo que había enviado a la Embajada en Malta. Pero la ministra de Hacienda en funciones, María Jesús Montero, negaba que el capitán del Open Arms o la ONG tuvieran «legitimidad jurídica» para hacer esa solicitud.

La Comisión Europea (CE) rompió su silencio aquel martes, 13 de agosto. Su portavoz aseguraba que la CE había contactado con algunos estados para buscar una solución a la crisis, pero insistía nuevamente en que no podía hacer nada si no lo solicitaba previamente un país miembro. Y declaraba: «Cuando lo hagan, la Comisión está dispuesta a coordinar un proceso de distribución de los migrantes». Por su parte, Matteo Salvini, lejos de pedir que se activara ese mecanismo de reparto, expresaba a través de la red social Twitter: «La indicación que he dado es la prohibición de entrar en nuestras aguas y la invitación a navegar en dirección a España».

A última hora de la tarde, cuando el sol se acercaba al horizonte, acudió a las coordenadas del Open Arms un helicóptero enviado por la Coordinación de Salvamento de Malta para evacuar de urgencia a los dos bebés y a sus padres. Con el vaivén de la mar rizada, se auguraba una operación sumamente compleja. El especialista maltés, de uniforme verde militar, tuvo mucha dificultad para posarse en la cubierta de proa. La familia etíope permanecía agazapada allí, intentando calmar a los bebés, asustados tanto pequeños como mayores por aquel ruido ensordecedor y por el violento movimiento del buque. A todos los que presenciábamos la operación nos costaba creer que, con aquellas fuertes sacudidas, aquella familia fuera a poder subir a ese helicóptero con los dos pequeños. Después de varios intentos, los malteses desistieron y pidieron a la Guardia Costera italiana que enviara una lancha semirrígida.

El intento de evacuación no fue lo único que falló aquel atardecer. El constante sube y baja por el oleaje dificultaba mucho la conexión de Internet, que se hacía por antena vía satélite. Tras comprobar que la wifi del barco fallaba, intentamos enviar la pieza con mi conexión de datos telefónicos; pero aquella señal también iba y venía, sin fuerza suficiente para poder efectuar el envío. Mientras tanto, Joaquín tuvo que bajar corriendo a la cubierta. Había llegado la RIB de la Guardia Costera italiana para evacuar a los bebés y a sus padres. Debido al oleaje, uno de los guardias, vestido de naranja, fue el que tuvo que tomar en brazos a cada bebé y emplear su pericia para saltar del buque a la lancha con el pequeño en brazos.

Me hubiera gustado al menos poder despedirme de aquella familia, darles un abrazo y desearles buena suerte. Pero seguí intentando enviar el archivo hasta la misma hora de emisión. Fue en vano: nuestra crónica no llegó para el TD2, que solo pudo emitir la pieza sobre la situación política, incluido el tuit de Salvini. Eché en falta que alguien hubiera mencionado las difíciles circunstancias en las que estábamos inmersos, debido a la mala mar, que habían imposibilitado que llegara nuestra crónica. La audiencia solo percibe que el equipo de enviados especiales no aparece sin entender el porqué, cuando se trata de una noticia destacada del informativo.

Nueva dosis de frustración. No me di cuenta en ese momento de que era martes y 13. En cualquier caso, no soy supersticiosa. Esta vez, eso sí, encajé el golpe con mayor deportividad que la noche anterior. Recordé una frase que siempre me decía mi madre: «Hija mía, el que hace lo que puede no está obligado a más». Y nosotros habíamos hecho todo lo que estaba en nuestra mano.

Joaquín y yo bajamos a cenar para recuperar algo de energía. Uno de los voluntarios había preparado una tarta de queso casera. Decidida a no perderme aquel manjar a pesar de mis intolerancias, me tomé una pastilla de lactasa que me ayudara a digerirla. Aquel postre me supo a gloria. Notaba que mi dieta escasa en azúcares me dejaba con menos reservas energéticas y

167

aquel dulce me inyectó fuerzas nuevas. Con ellas, volvimos al puente de mando y al ver que Internet sí que funcionaba en ese momento, enviamos la pieza que había fallado y las imágenes de la reciente evacuación marítima. Había que asegurarse. El temporal llegaría en cuestión de horas.

Esa noche leí en *El País* que Francia se había implicado en encontrar una solución para desbloquear el desembarco del Open Arms. Al parecer, había iniciado contactos con la Comisión Europea. El diario también citaba a fuentes gubernamentales para contar que el Ejecutivo español también estaba trabajando de forma discreta «en una solución común europea». E informaba de que la Comisión Europea llevaba unos días trabajando informalmente en un modelo de reparto entre Estados para cuando se produjera el desembarco, según «otras fuentes». Todos justificaban su discreción en el intento de que no se frustraran las negociaciones, pero se atrevían a aventurar: «El desenlace está próximo».

La Europa que parecía dormida tardó doce días en empezar a desperezarse.

168

19

El temporal: la fragilidad

*E*l pronóstico marítimo no se equivocó. Durante la noche ya había notado fuertes sacudidas. Cuando me desperté, las olas arremetían con fuerza y zarandeaban el barco como si fuera un cascarón de nuez. En previsión de aquel temporal, el velero Astral, que acusaba más el oleaje, había partido la tarde anterior rumbo a Lampedusa.

Nada más ponerme en pie, tomé una Biodramina con cafeína. En el camarote, junto a la proa, se sentía mucho más el movimiento y me mareaba, así que salí a la cubierta de popa para que me diera el aire fresco. Las mujeres enseguida me hicieron sitio para que pudiera trabajar allí. Me senté con el ordenador en el suelo, cerca de la puerta que daba acceso al interior del barco y que los rescatados no cruzaban, aunque casi siempre permanecía abierta.

Aquel miércoles, 14 de agosto, Internet funcionaba muy mal ya desde la mañana. Comprobé que por WhatsApp solo podía recibir y enviar mensajes de texto. No llegaban ni los audios ni las fotos. Sabía que Òscar Camps había hablado en el programa *Hoy por hoy* de la SER desde Madrid. Me enviaron el enlace de su intervención, pero no lograba escucharla.

Sentada en el suelo, redacté la crónica para el *Telediario*. Arrancaba con la evacuación de los bebés y con las declaraciones de su madre que había tomado horas antes de su partida. «Desde esta mañana no ha querido tomar leche, no deja de toser desde ayer. No hay condiciones aquí para mis bebés, no podemos ni dormir bien, ni ellos ni nadie, pero ellos son más frágiles», nos había dicho Rabiya. Al fondo, su padre, que sostenía al bebé enfermo en sus brazos, lloraba de angustia y preocupación.

Tras las palabras de la joven madre, escribí: «Ellos se han podido librar del temporal, que no da tregua. Con el oleaje, todos se sienten aún más vulnerables, menos seguros». Y recuperé la entrevista que había hecho la tarde anterior al psicólogo de la ONG italiana Emergency, que había llegado con el Astral. Alessandro di Benedetto diagnosticaba el estado mental de los 147 rescatados que quedaban a bordo: «He encontrado una situación muy crítica. No debemos olvidar que son personas que provienen de Libia, de un contexto de encarcelamiento, de tortura, de abusos sexuales y todo lo que ya sabemos. Y se encuentran en una situación que está agravando aún más el trauma que ya han sufrido». Y definía aquella situación como «explosiva» por la tristeza, la impotencia y la rabia que acumulaban. El diagnóstico del especialista coincidía de lleno con nuestra percepción.

A la una y cuarto, Joaquín y yo ya estábamos en el puente de mando preparados para enviar la pieza. Por primera vez, tuvimos que bajar los ordenadores de la mesa al suelo, para evitar que se cayeran. Durante la edición, yo intentaba sujetar mi cuerpo fijando una pierna contra la barandilla de la escalera. Aun así, en algunos momentos, tuve que agarrarme con las manos, porque el vaivén nos arrastraba. Pero lo que más costó fue el envío. Con la oscilación del barco, la conexión a Internet fluctuaba y lo que normalmente podía necesitar veinte minutos o media hora tardó más de una hora y media en llegar. No grabamos un *in situ* porque nos habían pedido que intentáramos entrar en directo. Por primera vez, lo hice sentada, porque no había forma de mantenerme de pie. La presentadora,

Alejandra Herranz, había advertido que había temporal y nos preguntaba por la situación y por cómo la llevábamos. Con una imagen muy pixelada y muy movida, le contestaba: «En estos momentos es difícil de llevar, porque estamos en pleno temporal. Hay olas de dos metros y medio y se prevé que para esta tarde todavía sean más altas». Y como por el contraste con la luminosidad que entraba por las ventanas, no se veía el mar, empecé a girar el teléfono para intentar mostrar el oleaje que golpeaba en la proa del barco. En ese momento se cortó la conexión. Alejandra retomó la locución explicando la dificultad de conectar con el estado de la mar y dio paso a nuestra pieza, a la que siguió otra hecha desde Madrid en la que se explicaba que las negociaciones para buscar una solución a la crisis del Open Arms se estaban llevando con mucha discreción. El director de la ONG, Òscar Camps aseguraba que Francia había iniciado contactos. El Gobierno español repetía una vez más su mensaje, esta vez en boca de su ministra de Economía en funciones, Nadia Calviño: «No puede ser que la respuesta pase por que los puertos españoles sean los únicos considerados seguros en todo el Mediterráneo. Es evidente que el barco está muy cerca de otros puertos».

Poco después de las cuatro de la tarde, cuando arreciaba el temporal, recibimos una noticia de última hora que resultó providencial: la justicia italiana había aceptado el recurso del Open Arms e invalidaba el decreto de seguridad aprobado por Salvini. Un tribunal administrativo de la región del Lacio cancelaba así la prohibición firmada por el ministro del Interior italiano que nos impedía entrar en sus aguas. En el fallo, el tribunal explicaba que se trataba de una «situación de gravedad y urgencia excepcionales» y justificaba su decisión con esta finalidad: «que las personas rescatadas que lo necesiten reciban asistencia médica».

El líder ultraderechista no tardó en responder. Su Ministerio anunció que Salvini presentaría un recurso urgente ante el Consejo de Estado por la decisión de la Justicia italiana y que iba a firmar una nueva prohibición para impedir al barco entrar en sus aguas territoriales. «Vivimos en un país en el que un abogado del Tribunal Administrativo del Lacio quiere dar permiso para desembarcar en Italia a un barco extranjero lleno de migrantes. Yo volveré a firmar en las próximas horas mi no», amenazó el líder de la Liga Norte.

No era la primera vez. Un año antes, también en agosto, Matteo Salvini ya había mantenido retenidos durante más de cinco días frente a las costas de Catania, en Sicilia, a un centenar de migrantes, lo que le había valido la apertura de una investigación en su país. Sin embargo, logró que no lo juzgaran porque sus socios de Gobierno —el Movimiento Cinco Estrellas— habían impedido que se levantara su inmunidad.

Con su oposición feroz a aceptar a los migrantes y refugiados rescatados, el ultraderechista Salvini hacía campaña política, argumentando que Italia era el país que más inmigrantes irregulares —él los llamaba ilegales— recibía. Sin embargo, esa semana la Agencia Europea de Fronteras, Frontex, daba los datos de la inmigración irregular, que se había reducido de enero a julio de 2019 casi un 30 por ciento, y donde más se había notado había sido en la ruta del Mediterráneo Central, a través de Italia, que había recibido en esos siete meses 4.890 entradas irregulares. La cifra suponía poco más de un tercio de las 12.976 personas que habían llegado por el Mediterráneo Occidental, cruzando a España desde Marruecos. Y quedaba muy lejos de las 28.210 entradas que se habían hecho por el Mediterráneo Oriental, a través de Grecia. Pero ni el Gobierno de Atenas ni el de Madrid hacían tanto ruido como Salvini, que captaba votos con su discurso xenófobo y su cruzada antimigratoria.

Aquella decisión judicial permitía al Open Arms entrar en aguas territoriales italianas. El capitán puso rumbo a Lampedusa para sacarnos de aquellas aguas turbulentas que nos zarandeaban sin descanso y poner el buque al resguardo de la isla. Había que contarlo para el *Telediario* de la noche. Pero el oleaje arreciaba cada vez más y resultaba muy complicado trabajar en esas condiciones. Además, no podíamos volver a fallar en ese envío, así que decidimos ofrecer para el TD2 un formato más seguro y acorde a nuestras posibilidades: un *in situ* largo mío desde la cubierta, que taparíamos con imagen del día y del temporal. Para grabarlo, me tuve que aferrar a una de las cinchas que sujetaban el toldo. Era imposible mantenerse en pie sin agarrarse. Era una postura extraña para televisión, pero no quedaba otra. Milagrosamente, a las 20:15 horas ya lo habíamos enviado todo a través de Internet, a pesar del temporal.

La situación que atravesábamos se destacaba en el sumario del TD2. En el desarrollo del informativo, antes de nuestra crónica, recogían las palabras de Salvini: «Quieren darle permiso a desembarcar en Italia a una nave extranjera cargada de inmigrantes extranjeros». Su mensaje, de una xenofobia prepotente y gélida, contrastaba con las imágenes del buque zarandeado por las olas y con mi descripción de la situación de aquellas 147 personas, que, intentando evitar las olas de hasta tres metros que arremetían tanto a babor como a estribor, se agolpaban en la parte central de la cubierta: «Muchas de ellas se están mojando. Todas están mareadas, están exhaustas después de trece días a bordo de este barco. Ahora mismo con el temporal, la sensación de cansancio y de abandono es todavía mayor». En ese momento, desviaba mi vista de la cámara, porque una ola me había llegado a los pies. Continué, agarrándome con fuerza, para explicar que el médico y el psicólogo estaban elaborando un informe para pedir a las autoridades que permitieran su evacuación o su desembarco en tierra. Inmediatamente después, el capitán del barco explicaba la dificultad de poner un rumbo fijo con el mar en ese estado: «¿Cuánto tiempo podemos estar así? Pues no mucho. Estamos capeando el temporal a mínima velocidad y no podemos ir a ninguna parte más que hacia donde nos manda la mar».

173

Con aquella decisión judicial, los rescatados se esperanzaron y nosotros también. Creía honestamente que todo acabaría pronto. A pesar de la mala mar, empezaba a ver el fin. A quienes me preguntaban en la cubierta sobre lo que aquel fallo implicaba, les decía que esperaba que pronto hubiera buenas noticias. Lo creía de verdad. Desgraciadamente, con el paso de los días descubrí que me había pasado de optimista.

El reparto de la cena fue extremadamente duro. Admiré a los voluntarios que lo llevaron a cabo a pesar del creciente oleaje. Tuvieron que distribuir alimentos más frugales, como barritas energéticas, fruta, bocadillos… Cocinar y mover aquellas ollas enormes era imposible en medio de aquel zarandeo sin tregua.

Aquella noche, a las diez ya estaba tumbada en la cama. Era la mejor forma de evitar el mareo y las caídas. Acostada en la litera, tenía que sujetarme haciendo presión con un brazo contra el techo para no golpearme con él con cada salto. Cada vez que la proa del buque subía empujada por el oleaje y caía desde varios metros de altura, el choque con el agua causaba un estruendo y un golpe que no solo dejaba el buque cimbreando: mi cuerpo se levantaba del colchón y se me estremecían hasta las entrañas.

Busqué la calma en la conversación que había tenido la víspera con Majo: «Este barco está preparado para el temporal, somos nosotros los que no estamos preparados», me había asegurado. Así que cuando me asustaba, me repetía una y otra vez aquella idea. Solo tenía que controlar mis temores y mis pensamientos. Aquel barco estaba fabricado para soportar olas aún mayores que aquellas. Si él resistía, nosotros también.

En esos momentos, en los que me sentía desvalida, pensaba de forma recurrente en lo mal que lo debían de estar pasando los migrantes y refugiados en la cubierta. Como un mazazo, me cayó encima todo el peso de la fragilidad, la impotencia y la injusticia. Aquello era inhumano. No pude evitar pensar en los líderes políticos que se pasaban aquella «patata caliente» sin haber tomado una decisión en trece días. Si cualquiera de ellos hubiera pasado solo una de aquellas interminables horas en medio del temporal, seguro que habría hecho todo lo posible por conseguir el desembarco. Después de una hora tumbada sintiendo aquellas embestidas, puse un tuit: «Esta noche no hay quien duerma en el @openarms_fund con este temporal. Me pregunto cómo dormirán hoy los líderes políticos que, por acción o inacción, están acrecentando el sufrimiento de estas 147 personas que necesitan sentirse a salvo con urgencia. #Puerto-SeguroYa». Nada más publicarlo, lloré de rabia y de tristeza.

Sentí la necesidad de compartir aquella angustia, pero la aplicación de WhatsApp seguía funcionando mal: solo me llegaban los mensajes de texto; ni imágenes ni audios. La conectividad se perdía cada poco tiempo con los saltos que daba el barco. Aun así, traté de chatear con Jorge, pero me costaba escribir en medio de aquellas sacudidas. De repente, se nos ocurrió probar si funcionaba mejor la aplicación Telegram. Buena idea. Al menos, nos permitía enviarnos mensajes de voz.

En aquel desahogo, le conté la conversación que había mantenido el día anterior con el psicólogo italiano. Se me había quedado grabada una idea: los náufragos se sentían solos, a pesar de no tener apenas espacio en la cubierta (o quizás precisamente por eso). Alessandro me explicó que todos necesitamos un lugar en el que sentirnos seguros, a salvo, y que ellos no lo tenían desde hacía mucho tiempo.

La compañía de Jorge, aun a distancia, me dio fuerza y alejó de mí el sentimiento de soledad y de fragilidad. Creo que aquel fue uno de los peores momentos, si no el peor, de toda la travesía: llegué a temer por mi vida. Con más calma, pasada la medianoche, a pesar de las constantes sacudidas, intenté dormir. A la una y media percibí que el buque había aminorado un poco la marcha. El capitán intentaba sacarnos cuanto antes de aquel temporal, pero el oleaje era demasiado fuerte y los saltos que dábamos contra las olas eran tan pronunciados que tuvo que reducir la velocidad. Al mirar la hora en el móvil, me di cuenta de que había logrado dormir algo. Pero aquel vertiginoso sube y baja lo hacía muy difícil. No solo me despertaban las embestidas del mar, también el chasquido gigantesco del armazón al chocar contra las olas. Sentía que caíamos al vacío. Hablé de nuevo con Jorge. Ahora sí podía recibir sus audios por WhatsApp. Minutos después, intenté volver a dormir. Era la mejor forma de sobrellevar el temporal.

Sobre las cuatro y media de la madrugada, el Open Arms fondeaba al resguardo de la isla de Lampedusa. Al llegar a las aguas territoriales, el capitán había mantenido una conversación cercana al surrealismo con las autoridades italianas. Primero le habían leído el decreto de Salvini que impedía su entrada y que días antes, por aprobación del Senado, había elevado la multa de 50.000 euros a un millón. Cuando Marc Reig le informó de la decisión judicial que cancelaba aquella prohibición, el MRCC italiano le confirmaba, efectivamente, que aquella orden judicial había entrado en vigor y daba permiso para que el buque humanitario se pusiera al resguardo de la isla, a fin de guarecerse del temporal marítimo; pero le hacía especial hincapié en que bajo ningún concepto podía atracar en puerto y, mucho menos aún, desembarcar a los migrantes.

Al sentir que el barco se detenía, Joaquín, siempre alerta, se despertó y se levantó rápidamente a grabar cómo echaban el ancla. El encargado de la operación era Erri, el primer oficial. En la filmación, mi compañero captaba el polvillo del óxido que la cadena del ancla desprendía al desenrollarse y caer al mar. Me volví a dormir. Mi cuerpo y mi mente necesitaban un respiro.

20

Tierra a la vista

*A*l abrir los ojos, sentí el alivio de la quietud: el balanceo de la nave era suave, volvía a ser soportable. Bajé deprisa de la litera para mirar por el ventanuco. Allí estaba, a cientos de metros, Lampedusa. Nunca me había reconfortado tanto divisar tierra firme. Mi alegría era doble: la isla nos guarecía del oleaje que nos había sacudido hasta el alma y la cercanía a tierra nos proporcionaba por fin cobertura telefónica. Para Joaquín y para mí, el acceso al 4G en nuestros móviles suponía mayores facilidades para el envío de nuestras crónicas. En la cubierta, aquella tecnología significaba mucho más… Muchos de los rescatados ya habían puesto sus móviles a cargar y quienes podían permitírselo enviaban el mensaje que sus familiares llevaban días esperando con angustia.

Aquella mañana el capitán y la jefa de misión se dirigieron a las 147 personas rescatadas que seguían a bordo, ávidas de buenas noticias. Les explicaron el logro colectivo de que un juez hubiera tumbado la ley italiana que prohibía entrar en sus aguas territoriales. Pero también les tuvieron que decir que seguían sin permitir el desembarco. Para hacerse entender por todos, Marc se ayudó del lenguaje no verbal. A fin de animarlos en los peores momentos, el capitán había utilizado a menudo un gesto: aproximaba los dedos índice y pulgar para transmitir que ya estábamos más cerca de llegar a tierra. Esta vez, redujo la distancia entre sus dedos a uno o dos centímetros, dando a entender que ya faltaba menos para el final de aquella dura situación. Tanto él como Anabel les rogaron encarecidamente que no se tiraran al agua, insistiendo en la idea de que la solución estaba cada vez más cerca.

En aquel barco sobrecargado de emociones, era importante dirigirse a ellos con mucha cautela, intentando generar algo de esperanza que los mantuviera fuertes, pero sin crear expectativas que no se cumplieran y que restaran credibilidad a quienes estaban al mando de la misión. Era un equilibrio difícil con el que yo misma tenía que lidiar cada vez que hablaba con cualquiera de aquellas personas, más frágiles y extenuadas después de 24 horas de temporal y de tantos días de espera e incertidumbre.

Recibieron la noticia entre aplausos, sonrisas y gritos de «¡Libertad!». Aquel 15 de agosto, el *Telediario* de las tres de la tarde abría con esa celebración espontánea, seguida de la imagen del Open Arms desde la costa, y conectaba con nosotros en directo. Describí la reacción como alegría contenida por el cansancio y la larga espera. La cercanía de la isla parecía augurar el final de aquella odisea, pero teníamos que ser precavidos: las autoridades italianas seguían negando el atraque en puerto y el desembarco. El fondeo solo se había permitido para ponernos a salvo del temporal.

Esa mañana, varios agentes de la Guardia Costera y de la Guardia de Finanzas italianas subieron al Open Arms para recabar toda la información sobre las tres operaciones de rescate que se habían llevado a cabo. También a bordo, un equipo médico local evaluó, a través de entrevistas y con ayuda de Iñas, la situación de las personas rescatadas.

A miles de kilómetros de allí, Europa seguía hablando de «un reparto equilibrado». El primer ministro italiano, Giuseppe Conte, en una dura carta dirigida a Matteo Salvini, anunció que había seis países dispuestos a acoger a parte de los 147 migrantes: Francia, Alemania, Rumanía, Portugal, Luxemburgo y España. El Gobierno español en funciones confirmaba que se haría cargo de algunos de ellos y que estaba trabajando para encontrar una solución europea. Parecía que por fin se podía activar el mecanismo de distribución de la Comisión Europea que tanto Italia como Malta exigían para ofrecer uno de sus puertos. A la espera también seguía el Ocean Viking, con 356 personas rescatadas a bordo, entre ellas más de un centenar de menores africanos; pero nosotros llevábamos ya dos semanas de navegación sin rumbo desde el primer rescate.

Creíamos que el desembarco sería cuestión de horas o quizás de un día... Pero Salvini seguía empeñado en mantener su pulso con el Open Arms y negaba el desembarco con una acusación: argumentando que nunca sería cómplice de traficantes de personas. En una declaración más formal ante la prensa, él mismo reconocía su empecinamiento: «Sí, tengo obsesión por la inmigración y por el cierre de puertos. Me pagan por defender la seguridad». Esa táctica electoralista le granjeaba el aplauso de sus acólitos, pero en el Ejecutivo de coalición, en plena crisis, se abría un cisma: Salvini atacaba a la ministra de Defensa, que se mostraba dispuesta a abrir el puerto al buque por razones de humanidad. Y como respuesta a la abolición judicial de la norma que él mismo había impulsado, intentaba aprobar otra similar de urgencia; pero sus socios en el Gobierno, el Movimiento Cinco Estrellas, se habían negado a firmarla. La reacción ante la situación del Open Arms ponía en evidencia que las costuras del Ejecutivo italiano estaban a punto de saltar.

La alegría inicial de los náufragos duró poco: ver la tierra cerca sin poder pisarla generaba impotencia y frustración. Lampedusa quedaba a solo media milla náutica, unos 800 metros. Reparé en Hortensia: su mirada triste, fija en la isla, tan cercana y, a la vez, inalcanzable. Decidí recoger su voz para nuestra crónica: «No podemos gritar ni reír porque aún no hemos llegado a un destino. ¿Cuánto tiempo va a llevar? Estamos cansados. El estrés nos va a volver locos. Es verdad que nos da cierta alegría, pero en el fondo necesitamos tocar tierra», se lamentó. Y extendiendo el brazo con el dedo índice apuntando hacia la isla, sentenció: «Allí está la vida; aquí está la muerte».

La prueba del alcance de la noticia no fue solo la apertura del informativo y las cuatro conexiones en directo que hicieron con nosotros, con la emisión de dos piezas sobre el tema. Había otra que resultaba realmente molesta: al barco no dejaban de acercarse barcas y lanchas con curiosos, turistas, fotógrafos y periodistas; algunos, sin ningún tipo de escrúpulos, como si en lugar de vivir una emergencia humanitaria, el buque fuera una atracción de feria. Además de la cuestión ética, estaba la seguridad, ya que con nosotros estaban 147 personas ansiosas por tocar tierra como fuera. Después de que alguna de las lanchas se acercara peligrosamente, el capitán pidió a la Guardia Costera italiana que extremara la vigilancia alrededor del Open Arms. Desde entonces, dos patrullas lo custodiaban a cierta distancia a babor y estribor.

Por la tarde, el equipo médico que había visitado el buque envió el certificado con el visto bueno sanitario, un requisito necesario para permitir el desembarco de los 147 pasajeros y de la tripulación. Aunque la solución parecía más cerca, Joaquín y yo percibimos un ambiente de desánimo y tratamos de pulsarlo para nuestra segunda crónica. «La situación en el agua en medio del Mediterráneo ha sido muy complicada para nosotros. Nos hemos quedado sin energía, pero ahora esperamos que nos admitan, si Dios quiere», nos explicó el joven chadiano Salahadin. Su mirada triste, como la de tantos otros, daba fe de su agotamiento físico y mental. Las 24 horas de temporal habían sido extenuantes.

El médico a bordo solicitó una nueva evacuación de emergencia. Era la quinta, pero, por primera vez, los motivos eran psicológicos. Se autorizó para cinco personas y sus cuatro acompañantes. Entre ellas estaban la menor eritrea que parecía haber enmudecido al llegar al barco.

Para los evacuados, era el fin de la pesadilla; pero en los rostros de quienes los veían marchar, era fácil leer más frustración e impotencia. «La larga espera ha hecho mella en su ya frágil situación», resumía en mi crónica de la noche, que llegó de milagro, después de mucho sufrir. Nuestra conexión telefónica con 4G, que había funcionado al mediodía, empezó a fallar. El *in situ* que habíamos grabado para el sumario no llegó a tiempo. Más tarde concluimos que tenía que ver con el horario y el tráfico de datos en una isla atestada de turistas en pleno agosto; pero nuestra primera reacción visceral fue: ¡Parece que el TD2 esté gafado!

Por suerte, aquella noche la luna llena sobre el mar nos regaló una bella estampa que sirvió para recompensar el ya habitual estrés del envío nocturno. Aproveché para hacer fotos con mi móvil a algunos refugiados en la cubierta, jugando con luces y sombras y con el reflejo de aquella poderosa luna en el mar. Ellos se ofrecieron a hacerme fotos con la luna, pero el resultado no era tan bueno: mi tez blanca hacía demasiado contraste con la oscuridad de la noche.

También me reconfortaron los múltiples tuits de apoyo y felicitaciones que recibí aquella jornada. Me emocionaron dos de sendos periodistas a los que no conocía. Eva Baroja tuiteó: «Qué trabajazo, qué pasada, qué difícil lo que está haciendo @yalvareztv desde el @openarms_fund». Era consciente de que trabajar en aquellas condiciones no era fácil, pero me conmovió que quienes veían nuestro trabajo lo pusieran en valor. Y Pablo Torres Yébenes añadía: «Es impresionante. Yo recuerdo sus crónicas desde Gaza en 2014, que fueron parte de la inspiración para lanzarme al Periodismo». Es una de esas recompensas maravillosas que la vida ofrece pocas veces: inspirar a quienes aman este oficio, tan denostado como necesario en estos tiempos.

Sentí la necesidad imperiosa de descansar, después de la mala noche del temporal. La tensión y el zarandeo sin tregua me habían generado contracturas en la espalda y necesitaba descansar mis huesos en la cama. Me di cuenta de que tenía moratones en las piernas.

Mi último pensamiento antes de que me venciera el sueño fue de esperanza. Los de la ONG intuían que en un día se resolvería la situación. De hecho, estaba previsto que Òscar Camps llegara a Lampedusa a la mañana siguiente. Ante los indicios que auguraban un pronto desenlace, nuestros jefes habían decidido enviar a la isla a los otros dos compañeros que conformaban nuestro equipo para *En Portada*, la realizadora Rosa Alcántara y el cámara Nacho Cañizares, que llegarían por la mañana.

Dormí unas ocho horas de un tirón. Cuando me desperté, Joaquín ya estaba en pie y me contó que se había levantado a las dos de la madrugada para grabar. Yo ni lo había oído y él, consciente de mi agotamiento, prefirió no despertarme. Había habido una sexta evacuación urgente: tres casos médicos que se habían complicado a pesar del tratamiento. Y tras su marcha, algunos habían estallado.

Con esa escena abrió el *Telediario-1* ese 16 de agosto. Se veía al nigeriano Odigy preguntando alterado: «¿Por qué? ¿Por qué? ¡Quiero desembarcar!». Y se derrumbaba entre sollozos. Sobre la imagen del capitán intentando calmarlo y reconfortarlo, se leía un rótulo: «La desesperación cunde en el barco». La eterna espera estaba poniendo a prueba la paciencia de todos, hasta de los más tranquilos. «Están al límite, física y psicológicamente», describí en mi primer directo. Tenían que permanecer encerrados en aquel barco, mientras veían pasar a su lado al ferry que unía Lampedusa con Sicilia, yates y barcos con veraneantes que viajaban con una libertad que ellos no tenían. Cuando vi a Odigy, seguía abatido. Le pregunté, micrófono en mano, cómo se encontraba. «Por favor, no me dejéis morir», me repitió varias veces el nigeriano de treinta y cinco años.

A bordo, los momentos tensos eran cada vez más frecuentes. Al mediodía, varios de los rescatados se ponían los chalecos salvavidas para tirarse al mar. El capitán, que se había pasado parte de la noche y la mañana en la cubierta, intentando calmar los ánimos de unos y otros, logró disuadirlos. Pero sabía que si los nervios y la tensión se apoderaban de los 134 rescatados que quedaban a bordo, poco podían hacer los 17 tripulantes y voluntarios. Así que cuando lo entrevisté, Marc Reig, con un semblante mucho más grave y serio de lo habitual, hizo un llamamiento estremecedor: «Todo el mundo está psicológicamente roto. No podemos aguantar más esta situación. Cada segundo que pasa la bomba corre un segundo para atrás. O alguien corta el cable rojo y desactiva esta bomba ya o el Open Arms va a explotar». Sus palabras abrirían el *Telediario* de la noche.

Ante el agravamiento generalizado, el Open Arms pidió que se les dejara bajar a tierra por motivos humanitarios. El permiso dependía de la Prefectura de Agrigento, en Sicilia, aunque la Fiscalía podía intervenir si se complicaba la situación. Pero Matteo Salvini seguía negando el desembarco, a pesar del ofrecimiento de los seis países para acoger a los migrantes. Desde España, la ministra de Defensa en funciones, Margarita Robles, criticaba de forma directa la actuación del ministro ultraderechista: «Creo que es muy lamentable lo que está haciendo Salvini, que, por suerte, está siendo desacreditado por su Gobierno».

Por la tarde, desde Roma, el Centro Nacional de Coordinación de Salvamento italiano, dependiente del Ministerio de Transporte, aseguraba que no veía impedimento para el desembarco en Lampedusa. Era la primera vez que un ministerio se oponía públicamente al titular del Interior, Matteo Salvini,

183

que seguía obstaculizando la llegada de la necesaria autorización. Ante la negativa, la Fiscalía de Agrigento, en Sicilia, había abierto una investigación por secuestro de personas, a instancias de la ONG española.

A la espera de algún resultado, el equipo de psicólogos de la ONG italiana Emergency subía a bordo del buque humanitario para intentar calmar los ánimos. El médico, Iñas Urrosolo, presente desde el primer rescate, daba fe del agravamiento generalizado tanto físico como psíquico. «Se debaten entre la desesperación y la desesperanza.» Con esa frase, concluí la crónica del TD2. Nuestra situación contrastaba con la imagen que habían captado desde tierra nuestros compañeros Nacho y Rosa: el Open Arms al fondo y, en primer término, turistas con sus sombrillas y hamacas tomando el sol en la playa. Era una perspectiva que desde el barco no alcanzábamos ni a imaginar. Por suerte, esa noche pudimos hacer tanto los envíos como las conexiones en directo con mi 4G, sin problemas. Parecía que se rompía la maldición.

Esa noche, para aliviar tensiones, pusieron en cubierta el partido del Barça y trajeron pizzas para todos desde Lampedusa. Estuve hablando un rato con Òscar Camps, antes de que regresara a la isla. Y después mantuve una larga conversación con Ali, el joven sirio. Esa mañana lo había visto desesperado. Me decía que no podía pasar ni un día más allí, que se tiraría al agua. Intenté tranquilizarlo insistiéndole en su juventud y en el futuro que tenía por delante. Le expliqué que, al ser sirio, él seguro que podría pedir asilo. Pero para llegar a eso, le pedí que tuviera más paciencia. Al final, me confesó que hablar conmigo y verme con una sonrisa le había ayudado. Fui muy sincera al explicarle que aquella situación no se podía prolongar mucho más tiempo. Me sentí satisfecha de poder ayudarlo.

Al dirigirme al camarote, me di cuenta de que no tenía ropa limpia para el día siguiente. A medianoche, me puse a lavar a mano algunas camisetas. Recordé en ese momento que mis compañeros habían alquilado un apartamento en Lampedusa para los cuatro. Esperaba que pronto pudiéramos llegar a la isla. Pero lo que me urgía no era disfrutar de aquellas comodidades, sino la solución de aquella situación, para que aquellas personas, que tanto habían sufrido, pudieran poner sus pies en tierra firme. Yo sabía que aún podía aguantar algo más de tiempo. Y si nosotros gozábamos de pocos lujos e intimidad, ellos no tenían ni lo uno ni lo otro.

185

21

Al límite

*D*esde primera hora de la mañana, la tripulación y los voluntarios se esforzaban por mantener el ánimo en la cubierta, con un baño de alegría que a veces ni siquiera tenían para ellos mismos. Pero cada día pesaba más que el anterior. «Después de la jornada más tensa en 16 días, hoy se respira cierta calma, teñida de cansancio y resignación», describía en la crónica del TD1 de aquel sábado. Los náufragos intentaban matar el tiempo de espera con lo poco que tenían a su alcance: una pareja jugaba a las damas africanas sobre un tablero de madera roto, que se dibujaba, más que nunca, como una tabla de salvación a la que aferrarse en aquella agónica espera. Otros formaban un círculo en torno a un móvil: al acercarme, vi que jugaban al parchís con un tablero virtual reducido a aquella pequeña pantalla.

En medio de aquella concurrida y ruidosa cubierta captó mi atención una escena de profunda quietud: un joven se refugiaba en la lectura de un libro. Era Badr Abderahman, un sudanés que solía ayudarnos con las traducciones entre árabe e inglés. Siempre lo veía solícito y amable, con espíritu constructivo; pero reconozco que me llenó de paz y admiración verlo leer en aquellas circunstancias. Yo, que disponía de camarote y cierta privacidad, no había sido capaz ni de abrir mi libro electrónico durante aquella travesía. Le pregunté con qué ánimo afrontaba aquella situación. «No tenemos elección, solo nos queda tener paciencia y ver qué ocurre. Esperemos que sea cuanto antes. Intentas olvidar esos pensamientos sobre cuándo llegaremos a tierra; pero es muy difícil, no puedes, así que busco algo en lo que invertir el tiempo. Me gusta mucho escribir y leer. Por eso, vi que alguien tenía este libro y desde esta mañana lo estoy leyendo, y me ayuda a sentirme mejor.» Estaba leyendo *El peregrino*. Nadie imaginaba entonces que cuando llegara el ansiado momento del desembarco, la imagen del rostro de Badr sería, precisamente, la que daría la vuelta al mundo.

Incluí aquella breve entrevista en la crónica del *Telediario*, que concluí con esta frase: «Lampedusa solo queda a 800 metros, una quimera que solo la voluntad política puede convertir en realidad». El informativo abría con Òscar Camps reclamando una solución urgente, en un vídeo grabado y suministrado por la ONG desde una de las lanchas, con el Open Arms de fondo. Y a continuación, la respuesta de Salvini en Twitter, el medio favorito de los líderes políticos que prefieren apelar directamente a la emoción de sus votantes, sin pasar por el filtro de un periodista que los cuestione o los ponga contra las cuerdas: «En 16 días ya habríais llegado tranquilamente a vuestra casa en España. La de las ONG es una batalla política, no humanitaria, y se juega sobre la piel de los inmigrantes. Vergüenza. Yo no cedo». El propio Salvini reconocía que se trataba de un pulso político.

Aproveché la conexión en directo para informar de una última hora: la Fiscalía de Menores de Palermo había autorizado el desembarco de la treintena de menores que quedaban a bordo. Recordé que había sido a petición del propio Open Arms. En esos momentos sabíamos que los menores ya tenían asignados cuatro tutores. Su desembarco era cuestión de horas.

La esperada noticia llegó a primera hora de la tarde: Salvini autorizaba el desembarco de los 27 menores no acompañados en la isla de Lampedusa. El ultraderechista dejaba

187

claro que lo hacía contra su voluntad y a petición del primer ministro. Giuseppe Conte se había dirigido a él en una carta abierta publicada en Facebook, en la que reconocía que el caso del Open Arms estaba en la portada de los periódicos y le recordaba que era el primer ministro quien tenía la última palabra sobre asuntos fronterizos. Salvini mantenía un pulso político no solo con el buque humanitario, sino también con Conte: había roto la alianza de gobierno con el Movimiento Cinco Estrellas y había presentado una moción de censura. Un doble pulso que expliqué en el *in situ* que grabamos para el *Informe Semanal* que se emitía esa misma noche. Más allá de las estrategias políticas y electoralistas, una vez más, era el poder judicial el que se imponía al ejecutivo.

En cuanto conocimos la noticia, llamé a la redacción. En cubierta, dieron la buena nueva el capitán y la jefa de misión, tratando de insuflar algo de esperanza en los que se quedaban: aquel desembarco era un signo de que ya quedaba menos para el desenlace de aquella espera interminable. Todos gritaron y aplaudieron e incluso algunos bailaron para celebrarlo. Los adultos abrazaban y felicitaban a los más jóvenes. Uno de los rescatados alzó en brazos al capitán: afortunadamente, en la suerte de los menores quisieron ver el principio del fin de su pesadilla.

Percibí el brillo de las lágrimas en muchas miradas y me crucé con unos grandes ojos que me buscaban: los de Nadr, el menor egipcio al que intenté tranquilizar en el primer rescate. Vino hacia mí corriendo y me dio un fuerte abrazo. En ese momento fueron mis ojos los que brillaron. Aunque no lográbamos mantener largas conversaciones, porque yo apenas entendía su árabe dialectal de marcado acento egipcio y él no hablaba ningún otro idioma, percibía que para él yo era una especie de hermana mayor. Nadr me había pedido con enorme pesar que por favor avisara a su familia de que estaba vivo. Sabía que por ese mensaje me la podía jugar, pero me desgarraba el alma imaginar a su madre destrozada, sin saber nada de su hijo durante días, pensando si se habría ahogado como muchos otros en aquel mar que tantas vidas engullía sin dejar rastro. Fue nuestro secreto. Recuerdo cómo se iluminaron sus ojos cuando le mostré con disimulo la contestación de su familia. Era la misma luz que desprendían ahora que sabía que por fin iba a pisar tierra firme. Con su abrazo y su mirada, su *shukran* me transmitió un agradecimiento infinito.

Al verlos despedirse, comprendí que aquella difícil convivencia de 16 días había creado lazos sólidos entre algunos de ellos. Los voluntarios agruparon a los menores, que aguardaban sentados en el suelo a las lanchas de la Guardia Costera para el desembarco. Se debatían entre la alegría y el vértigo de un futuro incierto. El joven chadiano Salahadin no lograba contener el llanto. Le pregunté ante la cámara por qué lloraba. Sentado en el suelo, se secó las lágrimas con el forro interior de su chaqueta y respondió: «Lloro pero de alegría, porque en Europa voy a poder realizar mi sueño. Me fui de mi país para poder ser periodista, para enviar la voz al mundo de lo que he pasado y lo que sucede en mi país, para contar cómo Francia apoya a nuestro despiadado gobierno».

Un día antes, Salahadin me había emocionado con una confesión. Me explicó que al ver nuestro trabajo en el Open Arms había descubierto su verdadera vocación: ser periodista, para contar al mundo las injusticias que no se ven. «Veo en ti la lucha infatigable del que no se rinde hasta que la verdad sale a la luz», me dijo. Fue un auténtico regalo. Pero no se trataba solo de un joven que aspiraba a un sueño legítimo. En la entrevista, el chaval de diecisiete años nos daba una lección a todos: «Quiero decir que no es cuestión de política, la humanidad es antes que los políticos…», dijo antes de que la emoción ahogara de nuevo sus palabras.

Preferí referirme a ellos como menores que viajan solos y en alguna ocasión, para no repetirme, los llamé menores

189

no acompañados. Una vez más, me negué a utilizar las siglas «MENA», que tratan de cosificarlos y se emplean a menudo con connotaciones peyorativas. Aquellos menores de edad eran los más vulnerables a bordo de aquel barco; aunque, por todo lo vivido, algunos hablaran con una madurez difícil de encontrar entre los adolescentes europeos.

La Guardia Costera italiana se los llevó en dos patrulleras. Mientras la segunda se alejaba entre aplausos, uno de los chavales dibujó un corazón con las dos manos. Aquel desembarco era la segunda batalla legal que el Open Arms ganaba esa semana, en el pulso que Salvini se empeñaba en mantener.

Con la emoción todavía en el rostro, uno de los rescatados tomó el micrófono y, apoyando su mano en el hombro del capitán, le hizo un recordatorio: «Gracias, capitán. Necesitamos más felicidad. Es lo que necesitamos». Su felicidad significaba pisar tierra firme. A bordo quedaban 107 adultos.

Desde Lampedusa, nuestros compañeros Nacho y Rosa, a quienes habíamos avisado, grabaron su llegada a puerto. En la emisión que vi a posteriori, pude reconocer a varios de los menores y vi a Nadr subiendo a una furgoneta que los llevaría a un centro de acogida en la isla.

Pasadas las ocho de la tarde, subía al Open Arms un equipo del Ministerio de Sanidad italiano para evaluar las condiciones en las que estaban las personas rescatadas. Los acompañaban varios agentes de la policía científica. Los enviaba la Fiscalía de Agrigento, en Sicilia, para investigar el posible secuestro de estas personas por parte de las autoridades que bloqueaban su desembarco. Recogieron pruebas de las condiciones insalubres. El médico examinó a algunos rescatados. Antes de marcharse, el doctor nos dijo: «Esta situación es inhumana, pero la solución no es médica sino política». La visita terminó justo antes de nuestra conexión en directo para el *Telediario* de las nueve de la noche.

Joaquín y yo hablamos con nuestros compañeros en Lampedusa, que iban adelantando trabajo para nuestro *En Porta-*

da. Y antes de ir a dormir, como ya empezaba a ser costumbre, me quedé charlando con Ali. Esta vez se unieron a la conversación sus colegas sirios. Hablando con ellos descubrí que uno era del barrio de Yarmuk, de Damasco, especialmente golpeado y asediado durante la guerra y en el que vivían muchos refugiados palestinos. De allí era la imagen que años antes había impactado al mundo con miles de personas agolpadas tratando de acceder a la ayuda humanitaria. Él tampoco se había embarcado por capricho.

En la mañana del domingo me despertaron las voces del cocinero y el contramaestre, que siempre madrugaban y se encargaban de repartir el desayuno en la cubierta. Sin novedades al frente, Joaquín y yo preparamos nuestra crónica con la visita enviada por la fiscalía la noche anterior, cuyas imágenes aún no habíamos podido mostrar. Estábamos en el puente de mando editando cuando, a la una de la tarde, oímos unos gritos. Varios migrantes se habían tirado al agua para llegar a nado a Lampedusa. Los socorristas del Open Arms se lanzaron enseguida y, en unos minutos, los alcanzaron. Pero uno de ellos trataba de zafarse y oponía resistencia. Al final, entre Anabel, Mauro y Fran lograron traerlo de vuelta. Sorprendentemente, los que se habían echado al mar eran los que menos tiempo llevaban a bordo: ocho días, frente a los diecisiete que había pasado la mayoría de migrantes y refugiados. Cuando regresaron a la cubierta, se desató la tensión. Algunos la emprendieron a golpes con ellos. Vi a Amina propinarles patadas con todas sus fuerzas; sus ojos, encendidos con una ira que jamás había visto en ella. Llevaba demasiada tensión y frustración acumuladas. La jefa de misión, Anabel, todavía mojada, y la enfermera, Varinia, la sujetaron: estaba sufriendo un ataque de ansiedad. La situación de encierro en el barco, tan cerca de tierra firme, pero sin poder alcanzarla, los estaba agotando. El equipo de psicólogos y el capitán intercedieron para aplacar los nervios.

Por la tarde, con más calma, Joaquín y yo nos acercamos a

la cubierta de proa, en la que estaban los que se habían arrojado al agua. Era el grupo de magrebíes que ya habían tenido que separar en la última situación de conflicto. Me senté en el suelo y, aunque imaginaba la respuesta, les pregunté por qué habían actuado así. «No hay buena comida, ni ducha, ni ropa limpia para cambiarnos. Estamos cogiendo enfermedades en la piel. No podemos aguantar más aquí», nos dijo Ajub, de Marruecos.

Habib, el que se había resistido a volver al barco, no quiso mostrar su rostro y contestó dando la espalda a la cámara: «Llevamos ya muchos días sin hablar con nuestra familia, piensan que estamos muertos. Y mira en qué condiciones estamos. Solo quiero llegar a Lampedusa, llamar a mi familia, darme una ducha. Para seguir así, prefiero que me devuelvan a Argelia», nos explicó. Después de su periplo hasta llegar allí y haberse jugado la vida en aquel viaje, se sentían atrapados.

Aquel 18 de agosto, el Gobierno español cambiaba su postura y el presidente en funciones, Pedro Sánchez, ofrecía el puerto de Algeciras para el desembarco de los 107 migrantes que quedaban a bordo. Aducía que tomaba la decisión ante la negativa de Salvini de permitir su desembarco en Lampedusa. El ministro de la ultraderecha italiana se grababa un vídeo con el móvil y lo colgaba en sus activas redes sociales: «Quien resiste vence», declaraba, a la vez que calificaba la emergencia de «imaginaria» y tildaba el caso del Open Arms de «vergüenza mundial».

La ONG reaccionaba al ofrecimiento español a través de un tuit de su fundador, Òscar Camps: «Después de 26 días de misión, 17 de espera con 134 personas a bordo, una resolución judicial a favor y 6 países dispuestos a acoger, ¿quiere que naveguemos 950 millas, unos cinco días más, a Algeciras, el puerto más lejano del Mediterráneo, con una situación insostenible a bordo?».

Horas después, el Ejecutivo español ofrecía el puerto de Mahón, en Menorca. En el *Telediario* de la noche, conté en directo que la ONG aún no había respondido, pero que tanto

Òscar Camps como otras personas de la organización consideraban que ese viaje a Mahón, que suponía navegar unas 500 millas, unos tres días, resultaría en cualquier caso complejo por la situación difícilmente sostenible que se vivía a bordo. A mí también me costaba imaginar, viendo la isla de Lampedusa a unos cientos de metros, emprender una travesía a España con tanta tensión y agotamiento a bordo.

Esa tarde recibí una llamada providencial. Era Alicia Gómez Montano. Lo primero que hizo fue felicitarme por la cobertura que estábamos haciendo: «¡Qué buena esa experiencia, Yolanda, y qué bien lo estáis contando! ¡Cómo me alegro de que estés ahí! Estás viviendo algo increíble que pocas veces se tiene la oportunidad de vivir y que a todos nos encantaría contar». Alicia sabía cuánto añoraba estar en los sitios donde nuestro oficio cobra más sentido. Me preguntó cómo me encontraba y, como quien no puede guardar un secreto, se apresuró a decirme: «Te llamo para darte una buena noticia. Me ha llamado una amiga de una editorial: quiere que escribas un libro sobre lo que estás viviendo en el Open Arms». La Montano siempre hacía magia. Cinco meses después de aquella llamada, el 18 de enero, Alicia, ser de luz, se apagó. Su marcha nos dejó a todos más huérfanos, a sus compañeros y amigos de TVE, y al periodismo de este país.

Había sido otra jornada de alto voltaje. Pasada la medianoche me puse a doblar la ropa que, entre crónica y crónica, había metido en la lavadora y en la secadora. Mientras tanto, Joaquín recogía sus enseres personales para marcharse a la mañana siguiente. Los últimos días ya me había manifestado su lógico cansancio y a nuestro compañero Nacho Cañizares, que estaba en Lampedusa, le apetecía venir al barco, así que había decidido hacer un relevo con él. Lo entendí e intenté disimular mi tristeza. La relación con mi compañero había sido estupenda a pesar de las dificultades. Su carácter más tranquilo se equilibraba bien con el mío. Y nunca, por nervios que pasáramos, nos llegamos

193

a hablar mal o a faltarnos el respeto. Aunque el cansancio se iba acumulando, no pedí relevo a la empresa: creía que aquella situación no se podía sostener mucho más y no imaginaba abandonar el barco sin contar el final de aquella odisea.

Con un intenso dolor de espalda, no logré dormir hasta más tarde de las dos de la madrugada. Aun así, me levanté temprano para despedir a mi compañero. Lo grabé con mi móvil cuando partía en la RIB. Joaquín Relaño se marchaba del Open Arms después de casi un mes a bordo, como solo lo hacen los grandes: se alejaba de pie en la lancha sin dejar de filmar. También abandonaban la misión tres voluntarios: Víctor, el cocinero, que por fin podría llegar al nacimiento de su primer nieto; Varinia, la enfermera, que debía volver a Chile; y Fran, uno de los socorristas, que acabaría perdiendo su empleo.

Me quedé con un nudo en la garganta y me metí en el camarote para digerir mi tristeza en soledad. Me di una ducha reparadora y salí a recibir a Nacho Cañizares. Mi nuevo compañero de camarote me traía algunos enseres de aseo y un cepillo de dientes eléctrico que le había pedido. Como en un principio venía para solo una semana, había traído uno manual y, con el estrés de aquellas semanas, empecé a sufrir una periodontitis. No la había tenido desde mi época de corresponsal. También me trajo tres camisetas nuevas, que Rosa había tenido la gentileza de prestarme, para renovar mi vestuario.

Nacho venía cargado de energía y de ganas de darlo todo, con buen humor y una enorme sonrisa, que siempre es de agradecer. En cuanto llegó, organizó sus cosas, revisó el material y se puso a grabar. Pero al cabo de un rato se sintió mareado. Fue entonces cuando caí en la cuenta de que el barco se movía. Tras varias semanas ya me había habituado, pero quien venía de tierra firme lo percibía mucho más y necesitaba un período de adaptación. Le recomendé tomar una Biodramina y, por suerte, le hizo efecto. Como Nacho controlaba muy bien la edición y la informática, me propuso encargarse del montaje, algo que agradecí, porque el ordenador con el que editábamos tenía sus años y daba cada vez más errores. Así podía centrarme más en el devenir de los acontecimientos.

Informamos de la última hora en el minuto dos del *Telediario*: «El capitán del Open Arms ha contestado al Gobierno español y ha dicho que no están en condiciones de navegar al puerto seguro español más cercano. Dice que no se puede navegar ni una hora más con estas 107 personas a bordo, no se reúnen las condiciones y por eso pide que se autorice el desembarco urgente en Lampedusa o que se envíe un buque para llevar a los migrantes a España». Marc Reig había enviado el *e-mail* de contestación apenas una hora antes.

Desde la redacción de Madrid elaboraron una pieza con el cruce de reproches entre el Ejecutivo español y la ONG. Margarita Robles, la titular de Defensa en funciones declaraba: «Ante esta situación humanitaria, el Gobierno español ha hecho unas propuestas concretas de puertos españoles y a partir de ahí será Open Arms quien tenga que contestar». Y desde la isla de Lampedusa, Joaquín y Rosa recogían la respuesta de la ONG en boca de su fundador y director, Òscar Camps: «Que nos mande un barco con las condiciones adecuadas para transportar a estas personas con la debida seguridad y hacia el puerto que más adecuado consideren».

A mí, aquel 19 de agosto, 18 días después del primer rescate y cuando llevábamos cuatro jornadas avistando la costa de Lampedusa, me costaba imaginar cómo encajarían las 107 personas rescatadas una nueva travesía hasta llegar a España, ni a bordo del Open Arms ni de cualquier otro barco, por seguro que fuera. Cualquier nave tardaría varios días en llegar desde la península y otros tantos en regresar a nuestro país. Como testigo directo del progresivo deterioro de la situación, que se estaba tornando insostenible, no entendí que Camps diera aquella respuesta.

La vicepresidenta en funciones, Carmen Calvo, dijo que

aquella petición no era razonable y aseguró que la ONG no les explicaba por qué no era viable el viaje: «No nos han dicho por qué, porque nosotros hemos dicho: ¿Necesitan ayuda sanitaria, víveres, combustible? Hemos hecho una oferta para la que ya llevamos 24 horas perdidas». Calvo también declaró que no entendía por qué el Open Arms había rechazado la oferta de desembarco de Malta, algo que la ONG negó. En este último punto, la vicepresidenta se equivocaba: Malta había aceptado llevarse a los últimos 39 rescatados, pero nunca había ofrecido un puerto suyo para el desembarco del Open Arms. Yo misma tuve acceso a los *e-mails* del MRCC maltés en los que negaba que fuera responsabilidad suya y pude ver que nunca se hizo tal ofrecimiento.

Por su parte, el obstinado Salvini volvía a rechazar públicamente el desembarco: «Somos buenos, caritativos y cristianos, pero no tontos», decía en la radio. Faltaba un día para que el primer ministro Conte compareciera en el Senado por la moción de censura que había presentado, precisamente, Salvini. Su discurso, siempre populista, chocaba con un hecho que se había producido aquella misma mañana: los guardacostas italianos sí habían permitido desembarcar en Lampedusa a 37 migrantes llegados en una patera a la isla, al parecer desde Túnez. La ministra española Margarita Robles endureció el tono y calificó la actuación de Salvini de «vergüenza para la humanidad».

Las 107 vidas que seguían estancadas en la cubierta del Open Arms nunca habían imaginado que su rescate se convertiría en una especie de condena, que su destino estaría a merced de decisiones políticas. Christopher, de Ghana, quería pedir asilo en Europa porque en su país lo habían amenazado de muerte. «Imagina, 18 días en el Mar Mediterráneo no es nada fácil. Estamos todos exhaustos. Se lo rogamos a las autoridades. Si nuestra vida no hubiera estado en peligro no estaríamos en esta situación ahora», nos dijo.

Ali observaba la isla con una mezcla de melancolía y frustración. Le pregunté cómo se sentía. «Estoy viendo el mar, con Lampedusa ahí mismo, viendo a la gente bañarse y disfrutando de sus vacaciones. Y yo estoy aquí en este barco como si estuviera en una prisión. ¿Cómo crees que me puedo sentir en esta situación?», me contestó el joven sirio. Había perdido su preciada sonrisa. Su pregunta, una vez más, zarandeaba nuestras conciencias.

Por primera vez, esa tarde recibimos una visita política. Era el alcalde de Lampedusa. Salvatore Martello quería conocer de primera mano la situación del barco y manifestar su apoyo. Algunos rescatados se acercaron y le preguntaron por qué Italia no los quería acoger. «Nosotros no tenemos miedo del desembarco, porque esta mañana ha habido dos barcas que han llegado de forma autónoma. El problema es político y no tiene que ver con la posición de Lampedusa, si acoge o no. Es un problema que tiene que abordar el Estado central», contestó Martello.

El alcalde, que había militado en el Partido Democrático, pero gobernaba la isla como miembro de una lista cívica, medía sus declaraciones para no disgustar a los lampedusianos. Tuve que preguntarle directamente cuál era su postura sobre el desembarco del Open Arms: «Si hay condiciones especiales, tempestad, condiciones sanitarias en la embarcación, la nave es europea, es justo que tenga acceso al puerto», respondió tibiamente el alcalde.

Las condiciones sanitarias no dejaban lugar a dudas. Los magrebíes que estaban en la cubierta de proa del Open Arms vinieron a buscarme porque estaban preocupados por un joven marroquí que llevaba dos días tumbado boca arriba. A pesar del intenso calor húmedo, se cubría con una manta. «Lleva dos días sin moverse y sin comer», nos dijo su amigo Ajub, también marroquí, que había migrado con él.

El médico a bordo, Iñas, tenía cada vez más trabajo: solicitó su evacuación urgente y también la de otros migrantes enfermos. Aquel era un goteo incesante, que se agravaba con el paso de los días.

197

A las ocho de la tarde, cuando faltaba una hora para entrar en directo al comienzo del *Telediario*, salí del puente de mando a tomar aire y deleitarme con la hermosa vista. El sol se ponía entre el mar y la isla de Lampedusa, tiñendo el cielo de rojo. Inspiré hondo, como si quisiera llenar mis pulmones y mi alma de la paz que me inspiraba aquella belleza.

El bloque del informativo de la noche dedicado al Open Arms arrancaba con una imagen que era el vivo reflejo de la división que la ultraderecha había ahondado en la sociedad italiana y en la propia UE, frente a los rescates en el Mediterráneo. Un hombre con sombrero y barba cana alzaba el puño derecho y frente al mar, en el que fondeaba el Open Arms, entonaba el *Bella ciao*, el himno de la resistencia contra el fascismo, que una serie española había popularizado en todo el mundo:

> *Per la matina mi sono alzato*
> *O bella ciao, bella ciao, bella ciao, ciao, ciao*
> *Questa mattina mi sono alzato*
> *E ho trovato l'invasor...*

Frente a él, un joven con gafas de sol y una camiseta de polo blanca, lo aplaudía y le decía con sarcasmo «¡Bravo!», para acabar espetándole: «Menos mal que tenemos a Matteo Salvini». Casi un siglo después, volvían las dos Italias.

Hicimos la tercera conexión en directo con el doctor del Open Arms a mi lado hablando por teléfono para coordinar la evacuación urgente de ocho personas enfermas y un acompañante. No sabíamos lo que tardaría en producirse, pero aquella noche prometía ser larga. Los náufragos estaban desesperados y cada nueva evacuación hacía más difícil contener una frustración que los estaba llevando al límite.

22

El desembarco

$\mathcal{N}$os avisaron antes de la medianoche, mientras me lavaba los dientes. La Guardia Costera italiana llegaba para la evacuación de emergencia. En los 18 días a bordo, la salud y el ánimo de todos en la cubierta habían ido empeorando, pero solo se permitió evacuar a los ocho casos que se habían agravado. Entre ellos, estaba el joven marroquí que llevaba dos días en la proa sin moverse y sin comer, y también abandonaban el barco dos personas a las que iba a echar de menos. Me costó despedirme de Hortensia. Se abrazó a mí y, una vez más, vertió sus lágrimas en mi hombro. Entre sollozos, me dijo: «Muchas gracias, Yolanda, por todo lo que has hecho por mí. Que Dios te bendiga». Le pregunté cómo podíamos seguir en contacto, pero no tenía ni teléfono móvil ni perfil en redes sociales ni tampoco una dirección de *e-mail*. Le deseé toda la suerte del mundo y le pedí que se mantuviera fuerte: «Eres una mujer fuerte y valiente», le dije, apretando sus manos con las mías. Cuando subió a la lancha italiana, Hortensia llevaba puestos mis pantalones.

La otra persona cuyas conversaciones iba a añorar era Ali. Llevaba días con un sarpullido que, lejos de desaparecer, se iba agravando a pesar del tratamiento. Cuando Iñas lo examinó, le diagnosticó sarna. Al despedirnos, le recordé que mi compañero Joaquín estaba en la isla, le di un fuerte abrazo y le dije: «Seguro que nos volveremos a ver, pero esta vez, en tierra».

Iñas Urrosolo llevaba días en una situación de máximo estrés. Al empeoramiento generalizado de la salud física y mental de las personas rescatadas, se añadía la inevitable percepción que tenían algunas de ellas de ver en el doctor su pasaporte para el desembarco. Muchas se dirigían a él llorando, exagerando sus síntomas o visiblemente enfadadas, rogándole que certificara que estaban enfermas. Algunas, cuando la situación estaba llegando al límite, empezaron a verter su cólera hacia él, acusándolo de favorecer a unos respecto a otros por su simpatía y no por su estado real de salud. Yo, que seguía su trabajo de cerca desde el primer día, sabía que Iñas actuaba con honestidad, sin favoritismos y bajo un criterio estrictamente profesional. No cabe duda de que el progresivo deterioro de la situación le hizo desempeñar un papel mucho más decisivo de lo que él mismo hubiera deseado.

Cuando la Guardia Costera evacuó en su lancha a los nueve autorizados por el Centro de Salvamento italiano, hubo una nueva explosión de ira en la cubierta de popa. Estaban desquiciados. Algunos empezaron a gritar y hacer aspavientos con los brazos, exigiendo que acabara de una vez por todas lo que sentían como un nuevo encarcelamiento. Esta vez, por suerte, el desahogo fue solo verbal y nadie llegó a las manos.

Cuando la situación se calmó, pasada la medianoche, Nacho y yo nos fuimos a descansar... Pero por poco tiempo. A las dos de la madrugada, llegaban desde la cubierta los alaridos de una mujer. Era una joven etíope a la que había visto llorar e iniciar la huelga de hambre. Algunos náufragos, la jefa de misión y varios voluntarios intentaban tranquilizarla, pero la chica parecía estar delirando. Se retorcía en el suelo, gritaba, lloraba... Sus quejidos eran desgarradores. Iñas diagnosticó que estaba sufriendo un brote psicótico. La sujetaron con cuidado entre varias personas y el nuevo enfermero a bordo le tuvo que inyectar un sedante para calmarla. Mohammed, el chadiano que nos ayudaba a traducir, empezó a leer el Corán mientras apoyaba su mano en la cabeza de la joven: trataba de ahuyentar de ella los malos espíritus que creía la habían poseído. Madrugada convulsa… otra más.

Me despertó temprano un fuerte dolor de ovarios. Me tomé un antiinflamatorio y me puse en marcha. Nos esperaba un martes cargado de acontecimientos. El primero ocurrió sin que ni siquiera nos diera tiempo a grabarlo. Uno de los rescatados sirios subió a la cubierta superior y, sin que nadie lo viera, se tiró por la borda. El joven, de complexión fuerte, se dirigió a nado hacia la isla de Lampedusa. Cuando los socorristas del Open Arms lo avistaron, la patrullera de la Guardia Costera italiana le estaba dando alcance. Los guardacostas lo subieron a la lancha. Más de una hora después, el sirio no había regresado. Los demás rescatados no tardaron en sacar conclusiones.

Desde varios lugares del barco empezaron a tirarse por la borda. Salí enseguida del puente de mando y me puse a grabar con el móvil mientras Nacho corría hacia la popa, para filmar desde abajo. Llegué a contar una docena de personas, todos varones. Avisé inmediatamente a Estefanía de Antonio, la directora de la web de RTVE, y empecé a mandarle por WhatsApp los vídeos que iba grabando para que los publicaran en redes sociales y en el Canal 24 Horas.

Los socorristas del Open Arms bajaron a toda prisa la RIB e intentaron rescatar a los migrantes que se habían lanzado al agua. Lampedusa parecía muy cerca, pero había que ser un nadador experimentado para alcanzar aquella orilla a nado. El oleaje lo ponía aún más difícil. Pero ellos se resistían a subir a la lancha humanitaria: sabían que eso significaba volver al buque en el que se sentían atrapados. Y si habían saltado por la borda era con el objetivo de que, como había ocurrido con su colega sirio, la Guardia Costera los llevara por fin a tierra firme. Ni siquiera sabían si los detendrían por aquello, pero su desesperación podía más.

201

Entre la multitud, los socorristas detectaron que uno de los migrantes se estaba ahogando. Era Ibrahim, un chico egipcio que no sabía nadar. Cuando lo subieron a la lancha sufría espasmos y convulsiones. Anabel avisó enseguida al capitán del Open Arms para que pidiera permiso para llevarlo urgentemente a puerto en la RIB. Desde el puente de mando seguí la comunicación de Marc con el salvamento italiano, que accedió a la petición de emergencia. Pude reconstruir lo ocurrido con los vídeos que había grabado con su iPhone Òscar Camps desde la lancha rápida. Mauro pilotaba la RIB a toda velocidad, mientras Anabel, a su lado, coordinaba la necesaria autorización. Ibrahim yacía boca abajo en la lancha, parecía haber tragado agua y haber perdido la consciencia. Héctor le ponía la mano en la nuca, en un gesto tranquilizador y para que su cuerpo no saliera despedido con los embates de las olas. Al llegar a puerto, un equipo psicosanitario subió a la RIB del Open Arms y un hombre se dirigió a Ibrahim en árabe para explicarle que lo llevaban al hospital. Cuando Ibrahim lo oyó, se acurrucó, aterrorizado, en posición fetal en un rincón de la barca; sus piernas, sin parar de temblar. No sé si fue la pérdida de consciencia o los traumas que arrastraba de posibles torturas, o probablemente, una mezcla de las dos cosas; pero el joven egipcio estaba sufriendo un ataque de pánico. Una vez en tierra, sentado en la camilla junto a la ambulancia, mientras los sanitarios italianos lo envolvían con una manta térmica, Ibrahim se aferraba con fuerza a Mauro, que lo intentaba calmar con un abrazo, y le imploraba en árabe que no lo llevaran a la prisión. A Ibrahim le habían vuelto de golpe todos los demonios de Libia… Y tardarían en irse, si es que esos horrores llegan a esfumarse alguna vez. Cuando vi aquella escena sentí que un puño me estrujaba el corazón. Recordé que Ibrahim, que siempre se dirigía a mí con una sonrisa, me había confesado la noche anterior que ya no podía soportar más aquella situación. Solo hablaba árabe, pero entendí algunas palabras, como «muy muy difícil», y su gesticulación no dejaba lugar a dudas. Él era de los que llevaban 19 días a bordo y nunca había dado un problema ni se había metido con nadie. ¡Cuál sería su nivel de desesperación para tirarse desde la cubierta sin saber nadar!

Con esos pensamientos resonando en mi mente, me enfrenté al *Telediario-1*, que arrancaba así: «Buenas tardes. Empezamos con una noticia que acabamos de conocer. El Gobierno español va a enviar un buque de la Armada a Lampedusa para recoger a los migrantes del Open Arms». Era el Audaz, que saldría de la base de Rota esa misma tarde y tardaría tres días en llegar. Según la nota de prensa del Ejecutivo, después de recoger al grupo de los quince rescatados de los que España se haría cargo, el buque regresaría a Palma de Mallorca. Tras las imágenes del barco militar aparecían las que acabábamos de enviar con los náufragos tirándose al mar para intentar alcanzar la isla a nado. Y en el mismo inicio del TD avancé en directo una noticia que intuía decisiva: el fiscal de Agrigento ya había aterrizado en Lampedusa y venía hacia el Open Arms.

Fue dicho y hecho. Nacho bajó corriendo a filmar su llegada. Era la única imagen que nos iban a permitir registrar. Luigi Patronaggio venía acompañado de varios agentes de la policía judicial. Y justo antes de la siguiente conexión tuve que salir del puente de mando, que el fiscal iba a visitar en ese momento, y sujetar el móvil en modo *selfie* para el directo. Empecé por explicar lo que más me había impactado, las convulsiones de Ibrahim, tratando de expresar cómo la desesperación los estaba llevando al límite, y di la última hora: el fiscal ya estaba en el puente de mando con el capitán y la tripulación del Open Arms para conocer de primera mano la situación de las personas rescatadas, y podía ordenar su desembarco. Conté también que al buque todavía no había llegado ninguna comunicación del Centro de Coordinación de Salvamento español, que era el organismo que debía hacer la interlocución oficial, así que la ONG tampoco había respondido ante el envío del buque Audaz.

203

Sus razones tendrían, pero no alcanzaba a comprender cómo a Proactiva Open Arms se le había ocurrido plantear esa posibilidad ni cómo, entre las propuestas hechas por la ONG, el Gobierno había optado por la que, a mi juicio, resultaba más costosa. Sacar los billetes de avión desde Lampedusa para el grupo de migrantes que España había aceptado acoger habría supuesto un ahorro de tiempo, dinero y esfuerzo.

En cuanto acabé el directo saludé al fiscal, Luigi Patronaggio, y le pedí permiso para grabar algunas imágenes, aunque fueran sin sonido, de su visita. Con mucha educación, me recordó que se trataba de una actuación judicial y que no estaba permitido. Lo sabía, pero siempre hay que intentarlo, me dije.

Su investigación por un presunto delito de secuestro de personas en el Open Arms tenía por objeto comprobar si la situación de emergencia que se vivía a bordo después de varios días en aguas italianas era consecuencia de la «negativa de las autoridades competentes a adoptar las medidas necesarias por razones de higiene y saneamiento». Así lo hacía constar en su resolución, que se publicó al día siguiente y que leí en *eldiario.es*.

El panorama con el que se encontró el fiscal era desolador: «Un centenar de personas cuyas funciones psicológicas están muy estresadas por condiciones emocionales extremas en un clima de altísima tensión». Subrayó su «percepción de "muerte" ligada a una posible repatriación, en contraposición a la esperanza de "vida" surgida frente a la franja de mar que los separa de la isla de Lampedusa». Hortensia lo había expresado a la perfección con su frase: «Allí está la vida; aquí está la muerte».

En su inspección, el equipo médico y el propio fiscal constataron que aquellas circunstancias «impedían analizar los riesgos de manera individualizada» y que la tripulación pudiera «detener la explosión de situaciones psicopatológicas de disociación neurótica o psicótica», cada vez más frecuentes, como habíamos ido mostrando en nuestras crónicas diarias.

Después de revisar el buque y conversar con el capitán, la jefa de misión y el resto de la tripulación, la Fiscalía consideró que en el Open Arms estábamos viviendo una situación de emergencia y que existían «razones de urgencia» que imposibilitaban esperar a la decisión del tribunal. Las «condiciones críticas a nivel psíquico» de las personas a bordo suponían «un peligro para la seguridad de los migrantes, de la tripulación y de las fuerzas policiales que supervisan la seguridad en el mar», exponía en su dictamen.

Al finalizar su visita, antes de las cinco de la tarde, la sensación que se respiraba en el puente de mando era de buena nueva. Todo apuntaba a que el fiscal ordenaría el desembarco. Pero aún no teníamos la confirmación. Hablé con mis jefes para que, con todas las cautelas, se fueran preparando para dar la noticia. Nacho y yo elaboramos mientras tanto la crónica con las imágenes de Ibrahim y los que se habían tirado al mar.

Sobre las ocho y media de la tarde llegó el anuncio que llevábamos esperando 19 días, con sus 19 largas noches: la Fiscalía de Agrigento ordenaba, como medida de urgencia, el desembarco inmediato de los náufragos que seguían a bordo. Además, Patronaggio ampliaba el alcance de la investigación abierta contra las autoridades italianas: al posible «secuestro de personas» en el Open Arms, añadía el supuesto delito de «omisión del deber» de los funcionarios públicos, que el Código Penal italiano sancionaba con una pena de seis meses a dos años de prisión. Para esa misma instrucción, el fiscal ordenaba asimismo la incautación provisional del Open Arms.

Según el Ministerio Público, la negativa a asignar puerto por parte de las autoridades italianas había «provocado la exasperación de quienes permanecieron varios días a bordo del mismo». E insistía en que los últimos episodios vividos, con migrantes arrojándose al mar, poniendo en peligro su propia seguridad, obligaban a actuar a «las autoridades nacionales», que conocían bien esas circunstancias y deberían haber tomado medidas.

205

No era la primera vez que la Fiscalía de Agrigento abría una investigación contra Matteo Salvini. Justo un año antes también lo había hecho por los delitos de secuestro, arresto ilegal y abuso de poder, por no dejar desembarcar a 131 náufragos que habían llegado en un buque militar al puerto de Catania. Entonces el ministro no fue juzgado, porque su socio de Gobierno, el Movimiento Cinco Estrellas, le ayudó a conservar la inmunidad parlamentaria. Justo un año después de que comenzara nuestra odisea, el 30 de julio de 2020 el Senado italiano se la retiró y dio permiso para que se pueda abrir un juicio contra el líder ultraderechista por bloquear en el mar al Open Arms. Salvini, sin perder ni un ápice de su prepotencia, declaraba en una nota escrita: «Estoy orgulloso de haber defendido a Italia: lo volvería a hacer». Y se hacía el valiente, reconociendo sus fines populistas y electoralistas: «No tengo miedo, no me dejaré intimidar y no me silenciarán: recuerdo a todos los parlamentarios que, tarde o temprano, el juicio de los votantes llegará». Desconozco si los italianos volverán a otorgarle su confianza, pero si finalmente no lo juzga el Tribunal de Ministros de Palermo, que solicitó enjuiciarlo por secuestro de personas, espero que al menos lo haga la historia.

Fue la justicia la que tuvo que poner fin a aquella agonía, a un bloqueo que el líder ultraderechista abanderaba para su propio rédito político. Pero el órdago de quien se creía invencible se acabó volviendo contra él: después de tanto sufrimiento, el 20 de agosto el Open Arms acabaría desembarcando en Lampedusa y ese mismo día Salvini perdió la moción de censura que él mismo había promovido: se formó una nueva coalición de gobierno entre el Movimiento Cinco Estrellas y el Partido Demócrata, que echó a la extrema derecha del poder. Mi primer pensamiento al conocer la noticia fue: justicia poética.

Cuando el Open Arms recibió la notificación oficial del desembarco lloré de alegría. En el puente de mando, todos nos abrazamos y nos felicitamos, pero intentamos mantener cierta discreción hasta que Marc y Anabel lo comunicaran en la cubierta de popa. Era el momento que más ansiaba vivir, pero me lo tuve que perder por contar la última hora en directo en el Canal 24 Horas. En cuanto acabé, bajé a encontrarme con todos.

Amina, Issiaga, Badr, Mohammed, Kingsley, Eddymurphy… En sus ojos, el chisporroteo de la felicidad. En cada uno de sus abrazos, alegría, alivio, agradecimiento y reconocimiento mutuo. Sabíamos que era un mérito colectivo: el mero hecho de haber resistido aquella situación sin hacerla saltar por los aires ya era digno de alabanza.

El anuncio más esperado lo había hecho, micrófono en mano, Anabel: «Lo único que queremos es que piséis tierra… ¡y lo vamos a hacer ahora!», exclamó una exultante jefa de misión. El estallido, por primera vez, fue de alegría. Sin contención, sin cortapisas. Quienes entendieron el mensaje en inglés fueron los primeros en correr a abrazar a los socorristas y la tripulación; para el resto, no hizo falta traducción. «*Boza! Boza! Boza!*», empezaron a gritar todos a la vez que saltaban. *Boza* es la palabra que gritan los migrantes subsaharianos cuando alcanzan Europa. Significa victoria, pero para ellos, también significaba algo mucho más grande: su libertad. Amina, que siempre sonreía con timidez, saltó mirando al cielo, como si se liberase de unas cadenas. No paraba de reír. Su imagen, felicidad en estado puro, es la que ilustra la portada de este libro.

«¡Estamos muy cerca!», le repetía entre sonrisas uno de los jóvenes al capitán, bromeando con aquella expresión que tantas veces había empleado Marc para insuflarles algo de esperanza. Entre varios levantaron al capitán en volandas. Los voluntarios y la tripulación empezaron entonces a entonar el himno que ya habían hecho sonar algunas veces en la cubierta, el *Bella ciao*. Los náufragos no entendían que aquel cántico simbolizaba su propia resistencia, pero coreaban aquel estri-

207

billo que habían hecho suyo. Alguien puso música africana y con el baile, siempre catártico, se sacudieron el cansancio de 19 días de espera e incertidumbre. De los 163 náufragos que había rescatado el Open Arms, solo quedaban a bordo 83.

Aquella noche, como no podía ser de otra forma, el *Telediario* abrió con nosotros. Aunque la celebración ya había terminado, decidí hacer los directos desde la cubierta de popa. En la conexión de apertura, mientras explicaba que el desembarco era inminente, los migrantes y refugiados se afanaban en recoger las mantas, chalecos y sus escasos enseres para que la cubierta quedara despejada. En la segunda conexión, cuando los náufragos se dieron cuenta de que estaba entrando en directo, empezaron a aplaudir, al grito de *Boza!*, mostrando su alegría. A continuación se emitió nuestra crónica, que recordaba las últimas difíciles horas con el episodio de los migrantes tirándose por la borda. Y acto seguido, desde la base naval de Rota, nuestro compañero Adrián Arnau contaba en directo que el patrullero de altura Audaz había partido de allí a las seis y media de la tarde, con 46 militares, médicos y psicólogos. El Gobierno mantenía su plan original a pesar de los últimos acontecimientos.

Hacia la mitad del *Telediario* hicimos una tercera entrada en directo en la que expliqué que el fiscal de Agrigento había ordenado la incautación del barco, que partiría esa misma noche de Lampedusa a Porto Empedocle, en Sicilia, para la investigación de los hechos. Antes de que finalizara el informativo hicimos una cuarta conexión. Nuestra aproximación a puerto se retrasaba. Al parecer, el único muelle en el que, por su calado, podía atracar el Open Arms estaba ocupado con el desembarco de una patera con migrantes.

El marfileño Mamadou Samaké, siempre tan formal, llevaba días preparando un escrito para leer justo antes del desembarco. Pero en medio de aquella celebración, él mismo se dio cuenta de que no era el momento. Me la entregó para que la leyera y la guardara. Empezaba así: «En este día especial del … de agosto de 2019». Agradecía la comprensión y el apoyo de toda la tripulación, el valor y el coraje de salvar sus vidas y las de tantos otros. Decía que si tuviera que utilizar una palabra para definirlos sería la de «ángeles». «Los hombres y mujeres de buena voluntad han respondido a nuestros gritos», rezaba su escrito. Y daba «un gracias enorme en nombre de toda África».

Junto al que iba a ser su discurso de despedida, me entregó otro folio doblado en cuatro con una carta para mí. En el encabezamiento había escrito: «… A Yolanda, la periodista del siglo». Emocionada, le agradecí su generosidad y me excusé por no tener tiempo de leerla. Tenía que hacer la maleta deprisa: esa madrugada el barco tendría que seguir navegando hacia Sicilia y nosotros nos quedábamos en Lampedusa.

Regresé a la cubierta antes de que el buque empezara a moverse. Miraba las luces de la isla, tan quietas todas aquellas noches y que por fin se iban acercando, y sentía la brisa de la libertad en mi rostro. Muchos observaban con incredulidad. Había costado tanto salvar aquellos centenares de metros… Aquella era la imagen que Salvini había intentado evitar a toda costa. Cuando el Open Arms se adentraba en el puerto de Lampedusa, el capitán hizo sonar, como un signo de victoria, la bocina del barco.

Cuando ya solo faltaban unos metros, distinguí entre la multitud de periodistas y cámaras de televisión a mis compañeros Joaquín y Rosa. Con ellos había venido Ali. Agachado en el muelle, saludó a sus compañeros de viaje y captaba el momento con su móvil. Me alegré tanto al verlos que los saludé y les hice varios guiños a modo de celebración. Rosa me dijo con ironía: «Si es que había que volver mañana. ¿Yo qué te dije? Con esa camiseta…». Era la suya. «¿Has visto? Me ha traído buena suerte», le contesté. Entonces vi a una colega, Ane Irazabal, con quien había estado en la guerra de Gaza. La saludé

209

desde lejos y me dijo: «¡Ahora te abrazo!». «Ya ves, de crucero», bromeé yo. Llevaba el micrófono de TVE en una mano y el móvil en la otra. Sabía que muchas cámaras estaban dando la imagen en directo desde tierra, entre ellas, la nuestra; pero no reparé en que algunas incluso me estaban enfocando y se podía oír lo que decía. Después Jorge me envió el vídeo de ese momento, emitido por una televisión local italiana. Sentía tantas emociones, había soñado tanto con ese momento, que fui incapaz de contener la alegría y guardar la compostura. Creo que por un instante la felicidad que sentía me hizo olvidar que era la periodista que iba a bordo del Open Arms.

El desembarco empezó al filo de la medianoche. Me subí al puente de mando para seguirlo y tratar de localizar a mi compañero Nacho, al que le había perdido la pista. Él, en cuanto bajaron la pasarela, descendió a rodar a pie de puerto, ya que Joaquín estaba detrás de una valla, con los demás cámaras. Necesitábamos aquella imagen. Entonces recordé que el Canal 24 Horas estaba dando nuestra llegada en directo y llamé por teléfono para participar en la narración. Mi compañero Moisés Rodríguez, al darme paso, me felicitó en directo por la cobertura, lo que me sonrojó. En los minutos que estuvimos hablando subrayé el hecho de que hubiera tenido que ser la actuación de la justicia italiana la que acabara con aquel bloqueo inhumano; también quise recordar de dónde venían y el sufrimiento que arrastraban. Las emociones, agolpadas en mi pecho y mi garganta, tras jornadas tan intensas, no me dejaban expresarme con total claridad.

Aquella pasarela, aquel cordón umbilical, los conducía por fin a esa tierra que tanto necesitaban para sentirse a salvo. Millones de personas pudieron verlos en directo desde muchos lugares del mundo. Ellos aún no eran conscientes del pulso legal, político y social que se había librado para aquel desembarco. Aquel era, desde el inicio, el puerto seguro más cercano: Lampedusa.

Iban descendiendo uno a uno, despacio. En tierra, al final de la pasarela estaba Pancho, que les daba el último abrazo. Cuando Badr, el chico sudanés al que le gustaba la lectura y que tanto nos había ayudado, se echó a sus brazos, su rostro estaba inundado de lágrimas. Ese instante, inmortalizado por las principales agencias de noticias internacionales, Reuters y Associated Press, sería la fotografía del desembarco que daría la vuelta al mundo.

Con aquella calurosa despedida, les esperaba la fría identificación policial y un primer reconocimiento médico a pie de ambulancia. Vi cómo atendían a Issiaga que, con los pies vendados e inflamados, caminaba con dificultad. Tocaban tierra extenuados. En furgones grandes se los iban llevando al centro de primera acogida de Lampedusa. Reconocí en sus rostros la incertidumbre. Desconocían cuál sería su destino, pero al menos sabían que esa noche podrían dormir en una cama, sin la agitación del mar en el que habían pasado demasiado tiempo. Era un sueño necesario, urgente.

Antes de partir le pregunté a Hazem, un egipcio de veinticuatro años que siempre saludaba con amabilidad, qué esperaba encontrar en Europa. «Una vida amable, sin violencia. Solo eso: que sepas que mañana te podrás levantar a salvo e ir a trabajar.» Algo tan sencillo para nosotros y tan inalcanzable para ellos.

El desembarco de los 83 náufragos duró más de una hora. Yo no toqué tierra hasta pasada la una de la madrugada. Llevaba 22 días sin pisarla. Al descender, nos hicimos una foto con la tripulación del Open Arms y los psicólogos de la ONG italiana. Algunos troles la utilizarían torticeramente en las redes sociales para intentar desacreditarme. Me negué a entrar al trapo. De eso se alimentan. Después de todo lo vivido y compartido en esa difícil misión que había durado casi un mes, ¿cómo no iba a participar en la foto con mis compañeros de viaje?

Les di un emotivo abrazo a Joaquín y a Rosa. También a Ali,

211

que ya había recuperado la sonrisa. Un médico lo había visto y estaba bajo tratamiento. Conocí a Lorena Pacho, la periodista del diario *El País* que estaba con parte de mi equipo en Lampedusa. Regresé al buque a recoger mi equipaje y, al entrar en el camarote, sentí que solo las puestas de sol y aquel rincón me habían proporcionado los escasos momentos de paz e intimidad en aquellas cuatro semanas. Me detuve a contemplar la cubierta de popa, por fin desierta. Me sobrecogió pensar que había llegado a albergar 163 almas.

Mis compañeros y yo nos unimos a los voluntarios y tripulantes del Open Arms y a otros cooperantes locales, que celebraban el desembarco en la terraza de un bar cercano al puerto. A pesar de mis intolerancias pedí una cerveza bien fría: aquella ocasión lo merecía.

Antes de que el Open Arms zarpara regresamos al barco. El capitán aún tenía nuestros pasaportes. Su viaje y el del resto de la tripulación no acababa allí. Le di un fuerte abrazo a Marc y le agradecí su sinceridad y su consideración conmigo y con nuestro trabajo. Me despedí de los demás deseándoles lo mejor y dándoles las gracias. Se estaban preparando para zarpar. Erri, que estaba en la proa listo para la maniobra de largar amarras, al verme, se quitó el chaleco de seguridad para darme un abrazo de despedida. Me emocioné al recordar su reconfortante y necesario abrazo cuando estuve a punto de romperme. Le agradecí su humanidad. Desde tierra, me giré a mirar por última vez aquel viejo remolcador en el que había vivido una de las experiencias más intensas de mi vida, en el que había sentido alegría, tristeza, angustia, miedo, rabia, esperanza, decepción… Y que me había puesto a prueba como periodista y como persona.

Mis compañeros de TVE y yo nos fuimos a un hostal. En pleno agosto, casi todos los alojamientos estaban ocupados. Compartí habitación con Rosa, que tuvo la gentileza de dejarme la cama grande. Cuando dejé caer mis huesos en ella eran más de las cuatro de la madrugada. Por fin una cama en tierra firme.

23

Náufragos en tierra firme

*D*ormí apenas cuatro horas, menos aún que en el barco, y al abrir los ojos sentí en mis párpados y en cada músculo el cansancio de la dura travesía. Los alojamientos de Lampedusa nos echaban a las diez de la mañana. La dueña no dudó en recordárnoslo en el desayuno. Por suerte, nos cambiamos a un apartamento mejor, pero teníamos que trasladar nuestro equipaje y todo el material.

En cuanto nos instalamos, me puse a visionar el rodaje del desembarco para elaborar la crónica del *Telediario*. Mis compañeros, que habían localizado el centro de primera acogida al que habían llevado a los migrantes y refugiados del Open Arms, iban a buscar un lugar desde el que se viera para hacer desde allí el directo.

Desde Madrid, me pedían que empezara la pieza con imágenes de Lampedusa de ese día, «para actualizarla». Me extrañó que me dieran indicaciones de cómo debía comenzar: siempre he pensado que el equipo sobre el terreno es el que mejor conoce la situación, el material del que dispone y cómo sacarle provecho. Pero, además, aquella solicitud me parecía absurda: «¿Me quieres decir que, siendo la única televisión que estaba a bordo en el momento del anuncio del desembarco y de la celebración, la única que tiene ese rodaje exclusivo, arranque la crónica con unas imágenes que no dicen nada en un sitio en el que ahora mismo no pasa nada?». Me insistían en que lo de anoche quedaba viejo y que bastaban unos planos del día para ver que estábamos allí. Eso, sin duda, se iba a ver en el directo, que podía ir cubierto con imágenes de Lampedusa, si así lo querían. Reconozco que mi cansancio y la falta de sueño me hicieron hablar en un tono muy áspero, pero me negaba a claudicar en un aspecto que consideraba que se debía dejar a mi criterio y que, lejos de mejorar la pieza, contravenía el lenguaje televisivo. La imagen o el mensaje más potente deben ir al principio para captar la atención del espectador. Y no tenía ninguna duda de que debía comenzar con el anuncio de Anabel en la cubierta del Open Arms, con el estallido de júbilo de los migrantes. Mis compañeros estaban de acuerdo conmigo y lo defendí hasta que aceptaron mi opción. Pero entre las idas y venidas perdí algo más de media hora en la discusión y me alteré mucho más de lo necesario. La realizadora, Rosa, regresaba a Madrid esa misma tarde y tenía que llevarse todo el material para ir preparando el *En Portada*. Me dio pena que no pudiéramos coincidir algo más de tiempo. Entre unas cosas y otras, con el montaje, el envío de imagen del centro de acogida y de la isla ese día, llegamos al punto de directo con el tiempo muy justo.

Era un lugar silvestre, en medio del monte, entre hierbajos y pedruscos. Nada más llegar, dije: «Aquí hay un montón de avispas». Yo ni siquiera llevaba zapatillas. Sin tiempo para cambiarme, había salido en chanclas y pantalón corto, sin imaginar siquiera que no habría asfalto. Hacía mucho viento y había que asegurar el sonido sin ruido para el directo. En la conexión expliqué que los migrantes del Open Arms estaban en el centro de primera acogida que se veía al fondo a mi espalda, aunque todavía no habíamos podido hablar con ellos, y que podían pasar allí como máximo una semana, pero que la media del tiempo que solían permanecer era de 24 a 48 horas porque el centro estaba saturado. De allí los llevarían a Sicilia, desde donde se haría el reparto entre los cinco países (no seis, como se había dicho en un principio) que estaban dispuestos a aceptarlos.

A continuación, los espectadores pudieron ver la crónica del desembarco y volvimos con una segunda conexión, en la que la presentadora explicaba que el Gobierno español no descartaba multar al Open Arms, porque decía que no tenía autorización para llevar a cabo rescates. Conté que el buque había zarpado pasadas las tres de la madrugada en dirección a Porto Empedocle, en Sicilia, donde quedaría incautado unos quince días por la Fiscalía de Agrigento para la investigación. De repente sentí una punzada ardiente en la rodilla. Nerviosa, aceleré el final de mi intervención y nada más terminar, no pude aguardar unos segundos quieta y en silencio hasta oír el comienzo de la siguiente noticia, como siempre hacemos en los directos. Bajé la mirada, me agaché rápidamente y exclamé: «¡Me está picando una avispa!». Quité el insecto de un manotazo, pero, como mucho me temía, aún estaba en imagen y con el micrófono abierto, por lo que los espectadores me vieron desaparecer y me oyeron. Con la quemazón y el estrés sentí un agotamiento extremo. No pude contener las lágrimas y maldije una y mil veces aquella pequeña fatalidad. No era algo grave, pero sabía que iba a ser objeto de burla y temía que todo el esfuerzo de aquellas duras semanas a bordo quedara injustamente empañado por aquella anécdota. Consciente de cuánto necesitaba un descanso, decidí, por salud mental, no asomarme a las redes sociales. Me contaron después que aquello se había convertido en *trending topic* en Twitter. De haber tenido más tiempo y fuerzas podría haber publicado un tuit con sentido del humor, pero no lo hice. Esa tarde solo llegué a ver un par de tuits cariñosos y simpáticos que me envió Jorge. Por suerte, bromeaban con ello, pero reconocían mi esfuerzo y mi trabajo en condiciones difíciles.

215

Esa misma semana, mi hermano me enviaría desde Granada un artículo que me habían dedicado en el diario *Sur*, titulado «¡Ay, la avispa!». Me temí lo peor, pero su autor, Boquerini, no hizo sino poner en valor la cobertura realizada, reconociendo que durante veinte días habíamos estado «transmitiendo crónicas y reportajes mañana, tarde y noche». Una frase me hizo sentir orgullosa: «Yolanda Álvarez, que ha dignificado el sentido de la televisión pública». Y proseguía: «Pero Yolanda, preparada para todo, para temporales, para las crisis de ansiedad de los rescatados, para las interminables negociaciones sobre dónde se debía dirigir el barco, para interminables esperas, incluso para las bravuconadas de Salvini, no estaba preparada para lo más fácil. Una vez en tierra firme, [...] la avispa atacó con su aguijón a Yolanda Álvarez en el único momento en que no se podía defender: cuando informaba en directo del final feliz de la "Crisis del Open Arms"». Perdón por la vanidad de reproducir este fragmento. Es mi forma de dar las gracias al autor y a todas las personas que tuvieron la empatía suficiente para trascender la anécdota y quedarse con el trabajo periodístico.

A pesar del mal momento de la picadura, teníamos que seguir trabajando. Como no estaba permitida la entrada al centro de acogida de la isla, por la tarde fuimos al centro de la población a probar suerte. Nos habían contado que los migrantes solían salir de allí de vez en cuando. En cualquier caso, también había que mostrar la vida en aquella isla de 6.000 habitantes y el impacto que tenía en ella la llegada de migrantes o el desembarco de náufragos.

En agosto, la isla más al sur de Europa se llenaba sobre todo de turistas italianos. Entre los veraneantes encontramos a cuatro de los migrantes que había rescatado el Open Arms. Eran todos argelinos. Habían pasado bien su primera noche en el centro de acogida. Abdelhak nos contó que les habían dado buena comida y que el recibimiento había sido caluroso. Contentos por el reencuentro, nos confirmaron que el centro estaba muy concurrido y que los enviarían a Sicilia en un par de días, para su redistribución entre los países europeos de acogida. «Quiero ir a Alemania para tener un futuro», me dijo Abdelhak, de veintiocho años, que quería ser peluquero. Intenté no desanimarlos, pero sabía que lo iban à tener difícil, porque ellos, a diferencia de otros, no tenían derecho a pedir asilo o refugio: migraban en busca de un futuro que les brindara más oportunidades económicas y laborales que su país, donde tampoco se podían expresar con libertad.

En la siguiente crónica, hecha desde Madrid, se podía ver el Open Arms atracado en el puerto siciliano e incautado para investigar lo sucedido. El abogado del Open Arms, Jaime Rodrigo de Larrucea, aclaraba que la retención del buque solo era para recabar pruebas. Preocupaba más la sanción que podía recibir en España, de hasta 901.000 euros. La vicepresidenta en funciones, Carmen Calvo, insistía en que el Open Arms solo tenía permiso para llevar ayuda humanitaria a Lesbos, no para rescatar. El director de la ONG le contestaba con dureza: «Lo que oigo son unas declaraciones muy desafortunadas y no sabía si me había despertado oyendo las declaraciones de la vicepresidenta o estaba oyendo a Salvini». Mientras tanto, el buque Audaz seguía rumbo a Lampedusa y el Ocean Viking, pidiendo un puerto seguro a Italia y Malta para desembarcar a sus 356 rescatados.

En la conexión en directo del TD2 hubo un problema técnico de sincronización: mi imagen llegaba con un leve retardo con respecto al sonido. Pero al menos no hubo anécdota que lamentar. Esa noche cenamos con Ane Irazabal, que también había estado a bordo del Open Arms en otra misión, y estuvimos intercambiando vivencias.

Después de aquella larga jornada, sin apenas dormir y con todo lo sucedido, desde Madrid nos pidieron a Joaquín, a Nacho y a mí que nos quedáramos en Lampedusa hasta el viernes y que hiciera otro *Informe Semanal* para el sábado. Las fuer-

217

zas empezaban a flaquear, pero no podía decir que no. Cuando íbamos caminando hacia el apartamento nos encontramos a varios de los náufragos del Open Arms. Fuimos con ellos a la plaza de la iglesia, donde los migrantes solían acudir en busca de conexión wifi para ponerse en contacto con sus seres queridos. Era un gesto humanitario del párroco de la isla que algunos lugareños no veían con buenos ojos.

Fue un reencuentro muy especial. Nos abrazaban y nos volvían a dar las gracias por nuestro trabajo. Cumplía así con la palabra que les había dado al despedirnos en el barco la noche anterior: a algunos les había dicho que nos íbamos a quedar en la isla y que esperaba volver a verlos en tierra firme. Ya era medianoche y estábamos agotados, pero le pedí a Joaquín y Nacho que trajeran el equipo. Nuestra crónica del día siguiente, del reencuentro con nuestros náufragos, estaba allí. Y no teníamos garantizado que fuéramos a encontrarlos de nuevo al día siguiente, ya que les habían dicho que muy pronto los trasladarían en ferry a Sicilia.

«No esperaba encontraros aquí otra vez. Ahora ya nos ves, estamos en tierra, ya podemos seguir con nuestra vida», me dijo Michael, un joven de Nigeria.

Los veía felices, hablando con sus familiares y amigos, con los que no habían podido contactar durante tanto tiempo. Llevaban ropa limpia, seguramente donada, porque varios llevaban la misma camiseta deportiva. De repente distinguí a Ibrahim, que hizo un esfuerzo por sonreír y me dio un abrazo, pero no pronunció palabra. Su mirada esquiva parecía estar lejos de allí; su mente, muy probablemente, también. Ezzat, otro chico árabe que parecía haberse hecho amigo suyo, me hizo una señal de que no se encontraba bien y se marcharon pronto al centro de acogida.

Me senté junto a ellos en la escalinata de la iglesia. Todos sus rostros me resultaban familiares, pero en el barco no había podido conversar con todos ellos. Aproveché la ocasión para conocer mejor a algunos. Esta vez no estaban los que solían ayudarme con las traducciones, pero descubrí a Eisaq, un eritreo que hablaba perfecto inglés. Decidí entrevistarlo y su respuesta me pareció tan justa, tan auténtica, que la incluí completa en el último *Informe Semanal*: «Soy de Eritrea e Italia nos colonizó durante casi cincuenta y dos años. Han estado en nuestra tierra, explotándola, llevándoselo todo. Así que no me sentía bien cuando estábamos al lado de Lampedusa, viendo la tierra tan cerca, y pudiendo acogernos aquí, se resistían y nos querían enviar a otro lugar. Me da vergüenza el Gobierno de Italia», expresó Eisaq, cargado de asertividad, recordando el pasado colonial de una Europa que elude su responsabilidad histórica.

El primer día en tierra me había resultado más difícil que la vorágine de los últimos días a bordo del barco. Pero aquel emotivo reencuentro me reanimó por un instante. Al verlos allí, sentía que todo había valido la pena. Por fin estaban en un lugar seguro. No sabían dónde acabarían, qué destino les aguardaba, pero sentían que en aquella pequeña isla empezaba su sueño. Todavía no sabían que seguían siendo náufragos en tierra firme.

219

24

Fin de la misión

*U*n día más, teníamos que dejar el apartamento libre a las 10 de la mañana. Por suerte, pudimos conservar el de Joaquín y trasladamos allí todo el material y nuestro equipaje. La isla estaba a rebosar de turistas y tener que ir cada día como un caracol, con el equipaje y el material de un sitio a otro, resultaba mucho más incómodo que compartir litera a bordo del Open Arms. Afortunadamente, habíamos acordado con la empresa que volveríamos a España al día siguiente. Yo todavía tenía por delante un *Informe Semanal* y un *En Portada*, así que estaba deseando regresar cuanto antes.

Para nuestra crónica teníamos los testimonios de los náufragos recogidos la noche anterior; pero decidimos completarla preguntando a los lugareños si en la isla tenían problemas con la inmigración. «No, a mí nunca me han molestado», nos dijo un pescador de pelo cano. Durante el día, por las calles, apenas se veía a migrantes.

No todos los lugareños estaban dispuestos a hablar. Rosa y Nacho ya nos habían advertido de que a ellos les había costado mucho hacer las entrevistas para *En Portada*. La sociedad estaba polarizada y los paisanos soportaban, desde la llegada del Open Arms, cierta presión mediática. Teníamos que ir con paciencia y cautela. Entablaba conversación con los lampedusianos que se sentaban a la sombra, en la puerta de su casa o su negocio, mientras mis compañeros esperaban con la cámara a una distancia prudencial. Cuando hablaba con un grupo de vecinos que declinaron hacer declaraciones a cámara, se acercó una señora que se expresaba con cierta indignación. La escuché y, mientras hablaba, le enseñé el micrófono de TVE y aceptó. «Los lampedusianos no hemos cogido una sola lira de la migración. El Estado coge y las otras administraciones también, pero nosotros no. El lampedusiano siempre ha ayudado», nos explicaba Franca. «No somos racistas. Estamos cansados. Cansados de las instituciones, porque no existe solo el puerto de Lampedusa; hay muchos puertos. España también ha abierto cuatro puertos. Los barcos también pueden ir allí, no solo a Lampedusa. Pero esto es una cuestión política», zanjó la isleña.

Como ocurrió en nuestra llegada a la isla de Sicilia, me sorprendió que, a pesar de la división en la opinión pública, azuzada estratégicamente desde la ultraderecha, los isleños fueran mucho más sensatos y solidarios que muchos de sus líderes. Era lógico que pidieran un mecanismo de reparto. Los lugareños siempre habían sido acogedores con los migrantes que arribaban: muchos no olvidan su pasado emigrante.

Para el TD1 teníamos que hacer un directo y una pieza. Esa mañana se supo que España acogería a quince migrantes, que se marcharían en el buque Audaz. Lo anunció Carmen Calvo, que también ironizó con su «parecido» a Salvini, en respuesta a las palabras de Camps.

Esta vez decidimos que el punto de directo estuviera junto al puerto. Para entonces había trascendido el contenido del decreto de la Fiscalía de Agrigento, que confirmaba que el Open Arms estaba obligado a rescatar a esas 163 personas a punto de naufragar, en cumplimiento del Derecho Internacional y Marítimo. Recordé que se le había negado el desembarco en el puerto seguro más cercano, que era aquel de Lampedusa, en el que nos encontrábamos, hasta que el propio fiscal lo or-

221

denó. Y expliqué que habíamos sido testigos de cómo el Open Arms había hecho todas esas comunicaciones vía *e-mail* con copia al Centro de Coordinación de Salvamento Marítimo español, que no respondió hasta que llevábamos 17 días a la deriva.

En el barco había tenido acceso de primera mano y había sido testigo directo de aquellas comunicaciones. Eran hechos probados y comprobables. Intuyo que aquello debió de escocer al Gobierno español, pero nadie como nosotros sabía el sufrimiento inhumano que había añadido aquella espera causada principalmente por la obstaculización de Salvini y consentida por la inacción de los otros actores que podían haber reaccionado mucho antes. El propio fiscal, al ver de primera mano la situación a bordo, había subrayado la urgencia de ponerle fin.

En cuanto acabamos la conexión en directo, mientras mis compañeros enviaban material para *Informe Semanal*, me fui directa al restaurante para pedir comida para los tres antes de que cerraran la cocina. La vista del mar resultaba mucho más reconfortante desde la isla. Aun así, mirar el Mediterráneo me seguía produciendo una sensación de bienestar y sosiego. Muchas personas me habían dicho que, después de tanto tiempo en un barco, al llegar a tierra sufriría mareos, pero de momento solo acusaba el sueño y el cansancio.

Después de seleccionar y enviar entrevistas para el reportaje que se tenía que emitir en un par de días en *Informe Semanal*, teníamos que grabar, antes del anochecer, un *in situ* para el *Telediario* contando la situación del Open Arms. Habíamos acordado hacerlo así, precisamente para poder avanzar con el reportaje, pero cuando ya lo teníamos grabado, llegó una última hora que nos obligó a cambiarlo.

Las autoridades italianas habían ordenado inmovilizar el Open Arms. La Guardia Costera italiana había realizado una inspección y aseguraba haber encontrado anomalías graves que justificaban que de momento no volviera a navegar. En la que sería mi última noticia de toda aquella cobertura decidí concluir con esta frase: «Ha tenido que ser la justicia italiana la que ponga fin a esta crisis, que no acaba con el Open Arms, porque en el buque humanitario Ocean Viking siguen 356 personas rescatadas esperando un puerto seguro para su desembarco». Sabía que, aunque nuestra odisea acababa allí, el drama de la migración seguía —y sigue— y quería que los espectadores no lo olvidaran.

Cuando terminamos el envío para el TD2, nos metimos en el coche. Todavía teníamos que buscar los apartamentos donde dormiríamos, recoger la llave y dejar el equipaje antes de ir a cenar. Sentada en el asiento del copiloto, exclamé: «¡Qué ganas tengo de abandonar esta isla! Mañana, cuando nos vayamos, me va a parecer mentira». Aún no había acabado la frase cuando sonó mi teléfono. Era Óscar, el director de *Informe Semanal*. Nos llamaba para comunicarnos que la dirección de Informativos quería que nos quedáramos más tiempo, porque al día siguiente, entre las diez y las once de la mañana, llegaba a Lampedusa el buque Audaz de la Armada española. Joaquín y yo ya estábamos al límite de nuestras fuerzas. Percibía que mi cuerpo empezaba a mandarme señales: me estaba resfriando y mi lumbalgia era cada vez más severa. Pero no se trataba solo de nuestra salud. Desde el punto de vista empresarial, yo era la única que podía hacer el *Informe Semanal* y el *En Portada* sobre el Open Arms, unos cincuenta minutos de emisión en reportajes de mayor elaboración. No tenía demasiado sentido que pusiera en riesgo los dos proyectos para hacer un par de crónicas para el *Telediario* sobre el Audaz. Además, nuestros billetes de avión estaban comprados; era incluso más barato enviar a otra persona de la redacción. Me costó convencerlos, pero finalmente decidieron que Nacho, que llevaba menos tiempo allí, se quedara y que a la mañana siguiente llegara una redactora del *Telediario*. Joaquín y yo habíamos llegado un 24 de julio y nos íbamos a marchar un 23 de agosto, 30 días después.

Llegué al apartamento pasada la medianoche, sin haber podido escribir ni una sola palabra del guion. La conexión telefónica y de Internet era horrible: había una base de la OTAN que hacía constantemente barridos de señal. Abrí el ordenador portátil, pero me sentí incapaz de ponerme a trabajar. Me dije que lo único que podía hacer era dormir: necesitaba resetear mi mente.

Mis compañeros me recogieron a las nueve de la mañana, desayunamos frente al mar y Nacho nos llevó al aeropuerto. Él tenía que estar listo para grabar la arribada del buque militar. En cuanto Joaquín y yo llegamos a la sala de embarque abrí el ordenador y empecé el guion para *Informe Semanal*. Lo seguí en el vuelo a Roma, donde teníamos solo 45 minutos para el transbordo. Por suerte, la puerta de embarque estaba muy cerca y el vuelo a Madrid salió con algo de retraso, así que llegamos a tiempo. Del aeropuerto de Barajas, Joaquín y yo nos fuimos directos a TVE, a Torrespaña. Él dejaba algo de material y por fin se podía tomar un merecidísimo descanso. Nos dimos un abrazo y le dije: «Ha sido una suerte trabajar contigo. Gracias, de verdad, por todo». Me salió directamente del corazón.

Sin dejar el equipaje, me fui directa a abrir mi ordenador y mantuve una reunión con el director y compañeros de *Informe Semanal*. Por suerte, me iban a ayudar con la parte de las decisiones y reacciones políticas, que tenían localizadas, y yo podría centrarme en nuestro material. Cuando aquella noche me fui a casa, dejé hechas tres páginas del guion para que fueran montando a la mañana siguiente.

Al llegar a casa, vi que mis plantas seguían vivas gracias a Estefanía. Deshice la maleta: llevaba días necesitando hacerlo. Y solo cuando por fin me dejé caer en la cama pude sentir que era cierto: ya estaba en casa. Esa noche sufrí por primera vez el mareo que me habían pronosticado al llegar a tierra. Por suerte, eran vértigos leves —la sensación de dar un paso en falso— que desaparecerían al cabo de dos o tres días.

El sábado por la mañana, ya estaba en la redacción otra vez para acabar el guion. Rosa Alcántara también estuvo trabajando ese fin de semana para ayudarnos con todo el material grabado y enviado. Esa noche del sábado 24 de julio se emitió nuestro reportaje en *Informe Semanal*. Lo titulamos «Náufragos en tierra firme». Esta vez pude ver la emisión sin que se cortara…, desde el sofá de casa.

Teníamos menos de dos semanas para hacer el *En Portada*, que se debía emitir el jueves 12 de septiembre. Pero necesitaba descansar, al menos un día. Ese domingo no fui a trabajar.

La elaboración del guion para el reportaje resultó accidentada. Sentía un agotamiento físico que achacaba, lógicamente, al sobreesfuerzo del último mes. Pero a los pocos días empecé a sufrir también molestias al orinar. Al llegar a casa noté que empeoraba y llamé a Estefanía. Me dijo que fuera a Urgencias y que ella acudiría en unos minutos. Cuando llegué al hospital, la muestra que tomé de orina era de color sangre. Había sufrido otras cistitis, pero no como aquella. Me asusté mucho. Por suerte, mis amigos Estefanía y Jose vinieron al hospital a hacerme compañía. El médico de urgencias me diagnosticó una infección grave, me explicó que había tenido mucha suerte de que la infección, que llegaba a los uréteres, no hubiera alcanzado aún el riñón y me recetó una elevada dosis de antibióticos. El estrés y la bajada de defensas empezaban a pasar factura.

No pude tomarme unos días de descanso. El reportaje no se podía posponer. Pero para mi mayor comodidad, me quedé unos días trabajando desde casa y mis compañeros de *En Portada* vinieron para que avanzáramos en la escaleta. Afortunadamente, los antibióticos hicieron efecto pronto.

Al rebuscar entre mis papeles, encontré varios «tesoros»: el dibujo que me había hecho Islam, la niña sudanesa; el que me dedicó Hortensia; y la carta que me había escrito el marfileño Mamadou Samaké, como agradecimiento a mi labor periodística. Me detuve por fin a leerla. En un tono que me causaba cierto rubor, elogiaba algunas cualidades que decía encontrar en mí, como la determinación, la valentía, el compromiso o un gran corazón. Valoraba que siempre nos había visto a Joaquín y a mí «con las manos en la masa». No tenía duda de que los dos lo habíamos dado todo. Pero me quedé con una frase que, viniendo de él, cobraba para mí un significado especial: «Eres la voz de los sin voz». Era lo más bello que aquellos náufragos me podían decir.

Al cabo de unos días, mientras avanzaba a marchas forzadas en el guion, por Facebook recibí un mensaje que supuso un mazazo. Era el hermano mayor de Ali, desde Siria. En inglés traducido por Google, me explicaba que a Ali lo habían detenido en Sicilia y, angustiado por una situación que no entendía, me decía que su hermano era inocente y me suplicaba que lo ayudara.

¿Detenido? ¿Ali? ¿Cómo era posible? No daba crédito a sus palabras. Pero era cierto que mientras estaba en Lampedusa, Ali se había mantenido en contacto conmigo a través de mensajes; sin embargo, hacía un par de días le había enviado un WhatsApp para felicitarlo por su cumpleaños y ni siquiera había contestado. Volví a escribirle por todos los medios que tenía y, efectivamente, no recibía mis mensajes. Volví a hablar con su hermano y le pedí que me enviara toda la información que tuviera sobre él. Me mandó el enlace de un medio local siciliano con una noticia de la detención de varios migrantes acusados de cooperar con el tráfico ilegal de personas. Su nombre no aparecía, pero el texto sí hablaba de «dos contrabandistas sirios». Y cuando puse en *play* el vídeo de la noticia, reconocí a Ali. No había duda de que era él.

Aquella noticia me dolió en el alma. Pondría la mano en el fuego por la inocencia de ese chico. Lo acusaban de contribuir con los traficantes por supuestamente haber pilotado la barca en la que los encontramos aquella noche del 10 de agosto. La legislación italiana lo considera un delito penado con cárcel. El hermano de Ali me envió también un vídeo grabado por el propio Ali en el que se veía la patera con los migrantes

226

durante el trayecto con el motor en marcha, pilotado por otra persona que no era él. En cualquier caso, sabía que él no formaba parte de ninguna mafia. Desde el primer día me había dado toda la información que le había solicitado. Alguien que tiene algo que ocultar no habla abiertamente con una periodista. Sabía que a él y a los demás les habían hecho subirse a la barca a punta de kalashnikov y, si en algún momento él u otro había llevado el timón de esa barca, habría sido por pura supervivencia. Los traficantes siempre encomiendan llevar el timón a los propios migrantes para no arriesgar su vida en un viaje tan peligroso, en el que tienen muchas probabilidades de que los detengan o de morir ahogados. La ley italiana, pensada para castigar a los contrabandistas, acaba penalizando a las propias víctimas de ese tráfico.

Mientras acabábamos el *En Portada* establecí contacto con algunos de los náufragos del Open Arms. Muchos de ellos me habían solicitado amistad en Facebook. Recuerdo que un día, ya desde Sicilia, me escribió Ezzat, el amigo de Ibrahim. Estaba en la cabina de montaje cuando me llamó por vídeo y me mostró que estaban dando un paseo los dos juntos. Estaban comiendo un helado. Ibrahim sonrió, pero seguía sin hablar. En su mirada se veía que su mente no acababa de recuperarse. Le pedí a Ezzat si podía grabar un vídeo para el reportaje, preguntándole a Ibrahim cómo se encontraba. Cuando lo recibí, aquella imagen me impactó. Ibrahim estaba recostado en un rincón sobre la cama, con la mirada perdida y una tristeza infinita. Parecía haberse encerrado en un mundo lejano a este. Ezzat me dio a entender que le habían diagnosticado depresión.

El reportaje, titulado «Misión 65», terminaba con lo poco que sabíamos entonces de algunos de ellos. En el cierre, sobre la imagen de la cubierta vacía del Open Arms, decía: «Hasta aquí, sus historias. Ahora, su desafío: construirse una vida lejos del infierno».

Lloré al final de la emisión. Con aquella «Misión 65», acababa la mía. Esa noche alguien me preguntó: ¿Cómo logras sobrevivir a estas experiencias? Recuerdo que respondí lo mismo que al volver de la guerra de Gaza: «Porque te olvidas de ti misma». Sentir piel con piel el sufrimiento de todas esas personas te sitúa en un lugar en el que cabe poco la queja y mucho el agradecimiento: por lo aprendido y por la suerte de haber nacido en esta orilla del Mediterráneo.

Al día siguiente, 13 de septiembre, tomaba mis vacaciones de verano. Cuando me detuve fue cuando, por fin, pude hablar con la psicóloga que desde el inicio de la misión me había asignado Proactiva Open Arms. He de decir que agradezco el detalle de que el servicio no fuera solo para los voluntarios y la tripulación, sino también para el equipo del medio que los acompañó en la misión. Después de varios test para evaluar si sufría estrés postraumático, la psicóloga concluyó que estaba dentro de los valores normales, rozando la línea del estrés. Me confesó que, a pesar de que en aquella misión no nos habíamos tenido que enfrentar a la muerte, algo que sí había sucedido en alguna otra, la espera agónica y el nivel de tensión acumulada durante tantos días habían tenido consecuencias psicológicas para muchas personas. Al regreso, durante varias noches tuve pesadillas con barcos y lugares en los que me sentía atrapada. Tenía algunos momentos de irritabilidad, derivados del estrés, y otros de tristeza sin un claro motivo aparente. En mi caso era lógico que se prolongaran un poco más, porque al tiempo que habíamos pasado a bordo se añadían las dos semanas que había seguido trabajando de lleno en el tema. En realidad, no sentí que me había bajado del Open Arms hasta que me marché de vacaciones.

Aquella experiencia, aunque dura, había resultado enriquecedora, personal y profesionalmente. Son ese tipo de vivencias y de coberturas las que acaban dando sentido a nuestra labor periodística y, a veces, a nuestra propia existencia. Pero si había algo que no dejaba de martillear mi mente era la privación de libertad de Ali, el joven sirio que, para ponerse a salvo de una guerra en la que no quería combatir, había tenido que venir irregularmente a Europa, y al tocar la tierra que debía proporcionarle la seguridad y la posibilidad de continuar sus estudios, su verdadero anhelo, había encontrado la prisión.

No sabía cómo ayudarlo. Su hermano me enviaba desesperados mensajes en los que se culpaba por haber permitido marchar a su hermano menor e insistía en decirme que yo era la única persona que podía hacer algo por él. Una mujer que había sido voluntaria del Open Arms en otra misión, María, contactó conmigo: la hermana de Ali le había escrito para pedir ayuda. Con la mente agotada, no veía qué más podía hacer por él. Cuando volví a hablar con la psicóloga para una revisión, le dije que poco a poco iba mejor, ya no tenía pesadillas y me iba liberando de la tristeza y del estrés, pero que Ali estuviera en la cárcel me dolía demasiado. Ella me dijo: «Yolanda, tú ya has hecho como periodista todo lo que podías hacer por ellos y por él. Tú has cumplido con tu misión. Ya has hecho todo lo que estaba en tu mano. Ahora debes descansar y recuperarte». Me costaba muchísimo dejar atrás todo aquello, pero decidí seguir su consejo profesional. Si yo no estaba bien del todo, tampoco podría ayudar a nadie. La misión del Open Arms era rescatar vidas que otros dejan naufragar. La mía, visibilizar aquel drama que el mundo se empeña en ignorar.

25

Vidas rescatadas

¿*A* dónde han ido a parar cada una de aquellas vidas rescatadas? Describir la situación actual de todas ellas requeriría, seguramente, otro libro. Pero, a modo de epílogo, quisiera dar aquí unas breves pinceladas del destino de algunas de las personas que salvó el Open Arms en su misión 65.

A Issiaga Camara, el guineano al que habían disparado en los pies, al pasar cuatro semanas sin poder contactar con su familia, lo dieron por muerto y hasta oficiaron su funeral. Cuando contactó por Facebook con su hermano, su madre no podía articular palabra, ahogada por el llanto y el estupor. Desde entonces, su hermano lo llama «el muerto viviente». Sin duda, el rescate del Open Arms le devolvió la vida.

Desde Italia, Issiaga colaboró durante meses en una investigación policial que ha llevado a la detención de varios criminales de la red de traficantes libios. Al haber pasado por muchos centros de detención, pudo identificar a varios de ellos. Difícil olvidarlos. «Cuando alguien te tortura, nunca puedes olvidar su rostro», me dice desde un pueblo del sur de Francia, en el que vive desde diciembre de 2019.

Todavía sufre pesadillas por aquellas torturas. Está bajo tratamiento médico y una terapia para superar situaciones especialmente traumáticas. Tras varios meses, había empezado a mejorar; pero con el confinamiento por la covid-19, ha tenido que interrumpirla. Para dormir, se refugia en la lectura. Me enseña el montón de libros que tiene en su habitación, en un piso que comparte con dos migrantes que no hablan francés. Le han concedido el asilo para un período de diez años. Volver a su país, Guinea-Conakry, significaría firmar su sentencia de muerte. Me recuerda lo que le obligó a huir de allí en 2016: un terrateniente influyente que quería quedarse con las tierras de su padre hizo que lo metieran en prisión seis meses, sin abogado ni juicio. Un tío suyo, comisario, lo sacó de allí con la condición de abandonar el país esa misma noche. «Por supuesto que me habría quedado en mi país si hubiera podido. Nadie quiere abandonar su tierra, pero no tenía otra opción», insiste, con una madurez impropia de sus veintiséis años.

Issiaga es ingeniero agrónomo y le gustaría labrar su propia tierra o asociarse con algún agricultor que vaya a jubilarse y ayudarle a llevar sus campos. Pero para eso le piden la nacionalidad francesa. A pesar de sus heridas en los pies, ha trabajado dos meses como temporero en la recogida de espárragos; pero su contrato ha terminado. Por fin lo han operado del pie izquierdo, que aún alojaba restos de metralla, y le han hecho un injerto de hueso de su propia cadera. El cirujano le ha dicho que la operación ha salido bien; aunque pasarán semanas y puede que meses hasta que esté totalmente recuperado.

Antes de despedirnos, Issiaga me cuenta que Eddymurphy Godwin, el nigeriano al que compraban y vendían como mercancía, está con su hermana menor en París. «Tenías que verlo, ha engordado», me dice con una sonrisa.

En Francia también está Ibrahim, el egipcio que casi se ahoga al arrojarse al mar desde el barco. Pasó un tiempo afectado, con problemas psicológicos, pero los dejó atrás al llegar al norte de Francia. El 8 de junio de 2020 fue su primer día de trabajo. Está contento. Con él, están su amigo Ezzat y otros rescatados por el Open Arms, como el chadiano Mohammed o el sudanés

Badr, que nos asistían con la traducción. A todos ellos les han concedido un permiso de residencia de diez años.

Tan aplicado como cuando mataba las horas de espera refugiado en la lectura, Badr ya ha aprobado el curso de primer nivel de francés y sigue estudiando. Está intentando que le homologuen su título de ingeniero eléctrico. Ya hay una empresa interesada en que haga las prácticas allí durante siete meses, para contratarlo después. Badr se considera afortunado. Era la primera vez que intentaba cruzar el mar cuando el Open Arms lo rescató. «De no haberlo conseguido, no lo habría vuelto a intentar. Habría regresado a Sudán», me confiesa. En enero de 2020 en Al Jenina, la capital de Darfur, cerca de la frontera con Chad, hubo una matanza de decenas de personas: murieron varios familiares suyos. Si hubiera regresado, quizás no habría podido contarlo. Cuando le pregunto por sus lágrimas en el momento del desembarco, cuya imagen salió en las portadas de todo el mundo, me dice: «Lloraba de alegría y de agradecimiento, por todo lo que nos habíais ayudado. Hoy no tendría esta oportunidad».

La joven nigeriana Amina, cuyo rostro de felicidad ilustra la portada de este libro, es una de las quince personas que vinieron a España en el buque Audaz. Vive en Roquetas de Mar, en Almería, en un humilde piso compartido con otra migrante, que puede pagar con la ayuda gubernamental que recibe. Le han concedido la tarjeta roja, que le permite residir y trabajar legalmente, y que debe renovar cada año. A sus veintiún años, está estudiando español en la escuela de adultos. Aprende deprisa: ella misma elige que mantengamos la conversación en castellano. Le gusta nuestro país y quiere trabajar como cocinera, pero con la crisis generada por la covid-19 y la falta de experiencia, no consigue trabajo. Va a empezar un curso de cocina, que la ayude a formarse y a salir adelante por sí misma. Sigue sin querer hablar de lo que sufrió en Libia. «Lo pasé muy mal», me reconoce, zanjando la conversación. Hay dolores inenarrables. Pero Amina mira hoy hacia delante y se siente tan feliz y agradecida como en la fotografía.

Kingsley, el nigeriano que pedía que la Unión Europea escuchara su voz, está con otros cuatro rescatados en Potsdam, Alemania. Llegaron a ese país en diciembre de 2019. El 15 de mayo de 2020 contactó conmigo para decirme que Alemania había rechazado su renovación de residencia y tenía que abandonar el país en 30 días. Le recomendé que buscara ayuda con alguna ONG alemana especializada en migración y refugio. Kingsley recibió ayuda de un abogado y presentó la solicitud de asilo. «Soy miembro de un pueblo indígena de Biafra que el Gobierno nigeriano considera terrorista», me explica. Ha conseguido permiso para quedarse tres años. Su objetivo ahora, como el de sus compañeros, es estudiar alemán, cuando se reanuden los cursos, suspendidos por la crisis del coronavirus.

233

El 14 de marzo, cuando España decretaba el estado de alarma por la pandemia, el etíope Muktar Eliyas, con quien apenas había tenido ocasión de hablar en el barco, me contactó para preguntarme cómo estaba. Me pidió que me cuidara mucho. «Nunca en mi vida olvidaré que salvasteis mi vida y espero que tengáis una buena vida. Os aprecio de corazón y os estaré eternamente agradecido», me escribió en su último mensaje.

Después de meses he conseguido contactar con Hortensia. Comparte habitación con otra migrante en un piso de alquiler, en las afueras de Lisboa. Asegura que la ayuda económica que recibe no alcanza para un dormitorio individual. Ha empezado a estudiar portugués, aunque las clases se han paralizado con la pandemia. Está dispuesta a trabajar como cuidadora o empleada doméstica, pero sabe que antes necesita aprender el idioma. Sigue dando gracias a Dios por estar viva y a salvo, y sigue practicando devotamente su fe cristiana en libertad, sin que nadie la persiga por ello. Sus heridas físicas han cicatrizado;

las de su alma por fin empiezan a curarse. Parece mucho más joven: ha recuperado la sonrisa.

Mamadou Samaké, el marfileño que escribía las cartas a la UE y la de despedida, que no llegó a leer, está escribiendo un libro sobre la vida de los migrantes. «La escritura es mi pasión», me cuenta desde Alemania. Él sabe mejor que nadie lo que está en juego en esa travesía.

Entre los menores que viajaban solos, el primero en contactar conmigo fue Nadr, el egipcio de vivos ojos al que tranquilicé en el primer rescate. Desde Sicilia, lo enviaron pronto a un centro de menores en Roma, en el que estudia italiano. Su mirada sigue llena de luz.

El chadiano de diecisiete años que quería ser periodista, Salahadin, está en Nantes, en Francia, con una familia de acogida. En febrero de 2020 me envió una foto suya desde un estudio de radio. Va a estudiar una formación profesional como electricista para poder ganarse la vida por sí mismo y después planea sacarse el bachillerato. Sigue decidido a estudiar periodismo.

El menor eritreo Daniel ha encontrado en el Reino Unido un lugar seguro para su alma.

Pero hay otras almas que han tenido peor suerte. Después de pasar un tiempo en un centro de acogida en Malta, la familia de Islam, la niña sudanesa que fue evacuada con su madre, su abuela y sus dos tías, intentó viajar a Europa continental. En el aeropuerto, detuvieron a la madre de Islam, Safaa, y a su tía, Hadiya, que han pasado cuatro meses en prisión. Safaa me cuenta que está muy triste y cansada. «La situación es muy dura. No tenemos casa y el Gobierno no nos da ninguna ayuda», se queja. Cuando le pregunto por Islam, me envía una fotografía en la que la niña se asoma desde dentro de una tienda de campaña. Veo al fondo un jardín y lo primero que pienso es que quizás esté jugando a acampar en una casa de acogida. Pero cuando amplío la foto en el teléfono, veo que se trata de una acera. Hay más tiendas de campaña y en la de al lado, por una rendija, se ve a su abuela, con el semblante triste y cansado. Le pregunto en árabe dónde están. Y a pesar de su dialecto sudanés, su respuesta no ofrece lugar a dudas: «En la calle, en París». La imagen y sus palabras se me clavan en el pecho. Quizás se equivocaron, seguramente hicieron lo que no debían, actuaron fuera de la ley... Pero no creo que lo hubieran hecho si el sistema de acogida hubiera funcionado y les hubiera proporcionado lo necesario para empezar de nuevo, como sí lo ha hecho en el caso de Issiaga, Amina, Ibrahim, Badr y tantos otros. Además, ellas han sido víctimas de violencia sexual, por lo que requieren una asistencia especial. Safaa, la madre de Islam, me ruega que ayude a su madre, su hija y su hermana. Me falta información, que no logro entender. Ni siquiera sé la localización exacta de la pequeña. Entonces, como si hubiera regresado a bordo del Open Arms, recurro a Badr, el joven sudanés que me echaba una mano con las traducciones y que ahora vive en Francia. Cuando le explico la situación, antes de pedirle ayuda, él mismo se ofrece a llamarlas para ver dónde están y avisar a una ONG francesa que le ha asistido a él y con la que sigue en contacto. Ojalá puedan sacarlas de la calle.

235

Pero si hay una situación que todavía no logro encajar es la de Ali Maray. Cuando volví sobre su historia, al escribir este libro, me puse en contacto con María, la voluntaria que había seguido su caso. Gracias a su tenacidad y a que no abandonó, averiguó la prisión en la que está recluido y mantuvo a su familia al corriente. Desde que lo detuvieron y durante al menos nueve meses, Ali no ha podido llamar por teléfono a su familia en Siria, un derecho que tiene cualquier preso y que a él, desconozco por qué, se le ha negado. A través de otras personas, de vez en cuando reciben noticias suyas. No he podido hablar con él, pero sé que está estudiando italiano en la cárcel. La primera abogada de oficio que le asignaron solo hablaba italiano y Ali solicitó el cambio. Su abogado actual cree firmemente en su inocencia. La crisis causada por el coronavirus paralizó la justicia italiana durante meses hasta que, por fin, el 4 de junio de 2020, el joven sirio tuvo el juicio. El juez lo ha sentenciado a tres años y medio de prisión. Todavía no se ha publicado el contenido de la sentencia. El abogado de oficio la intentará apelar.

Desconozco si Ali llegó a pilotar en algún momento la patera. En el caso de que así fuera, me cuesta creer que un ordenamiento jurídico capaz de convertir esa acción en un delito sea un sistema justo. Ali huyó de la guerra en Siria; después, de la violencia en Sudán; y más tarde, se encontró en Libia con todo aquello de lo que huía. Como él, millones de personas que solo intentan poner su vida a salvo, se ven abocadas a emprender viajes en los que arriesgan su propia existencia para tratar de llegar a un lugar seguro. El derecho a la protección internacional, instaurado en la Declaración de Ginebra en 1951, que concede el estatus de refugiado, debería garantizar que las personas que son perseguidas o huyen de lugares en conflicto reciban asilo en países en paz. Pero Europa y Occidente siguen sin establecer corredores humanitarios que permitan huir de forma segura y regular a quienes merecen esa protección. A bordo del Open Arms, de otros buques humanitarios y de pateras de las que ni siquiera tenemos noticia, han viajado y viajan muchos náufragos a los que se les debe reconocer ese derecho. Es nuestra asignatura pendiente.

Si algo he sacado en claro después de hablar con los náufragos es que nadie arriesga su vida ni abandona su entorno, su cultura y a sus seres queridos si tiene una vida digna en su lugar de origen. También, que los traficantes despiadados que se lucran con el sufrimiento y la necesidad humana, sin mostrar el menor respeto por la vida de las personas migrantes, no van a preocuparse de si en el Mediterráneo hay o no buques humanitarios de rescate para seguir adelante con su sucio negocio. No tengo la menor duda de que si los países más desarrollados establecieran mecanismos más rápidos y sencillos para facilitar la migración regular y el derecho al refugio, los traficantes de personas tendrían menos oportunidades de lucrarse con la desesperación ajena, en un mundo en el que sobran las razones para huir en busca de una vida mejor.

La misión número 65 del Open Arms ha obligado a Europa a cuestionarse si puede seguir ajena a tanto sufrimiento, si puede seguir cerrando sus puertos —y sus puertas— a náufragos que huyen del infierno. Náufragos sin una tierra a la que regresar y a los que, durante demasiado tiempo, se les negó una tierra segura de acogida.

Que alguien como Ali, un joven sirio que sueña con terminar sus estudios y recuperar la sonrisa, acabe en la prisión de un país europeo en el que debería encontrar refugio, no es una fatalidad del destino: es la consecuencia de políticas migratorias y de un sistema perverso que requieren una profunda transformación, desde un enfoque más empático y humano. Ali no debería estar allí. No deberíamos permitir que ni él ni tantos otros tengan que huir así, jugándose la vida para tener derecho a ella. Es una injusticia que se me clava en el alma. Un fracaso colectivo que debería dolernos a todos… hasta el punto de que, como ciudadanos responsables, hagamos lo que esté en nuestra mano para exigir que todo cambie. Es más de lo que creemos. Nosotros podemos hacer mucho más que ellos para que deje de haber náufragos.

237